DOCÊNCIA em FORMAÇÃO

Educação Infantil

Coordenação
Selma Garrido Pimenta

© Direitos de publicação
CORTEZ EDITORA
Rua Monte Alegre, 1074 – Perdizes
05014-001 – São Paulo – SP
Tel.: (11) 3864-0111 Fax: (11) 3864-4290
cortez@cortezeditora.com.br
www.cortezeditora.com.br

Direção
José Xavier Cortez

Editor
Amir Piedade

Preparação
Alexandre Soares Santana

Revisão
Alessandra Biral
Alexandre Ricardo da Cunha
Rodrigo da Silva Lima

Edição de Arte
Mauricio Rindeika Seolin

Ilustração de capa
Cleido Vasconcelos

Dados Internacionais de Catalogação na Publicação (CIP)
(Câmara Brasileira do Livro, SP, Brasil)

Oliveira, Zilma de Moraes Ramos de
Educação Infantil / Zilma de Moraes Ramos de Oliveira. – 8. ed. rev., atual. e ampl. – São Paulo: Cortez, 2020. – (Docência em formação: Educação Infantil / coordenação Selma Garrido Pimenta)

Bibliografia.
ISBN 978-85-249-2756-0

1. Educação de crianças 2. Professores - Formação profissional I. Título II. Série.

19-29899 CDD-372.21

Índices para catálogo sistemático:

1. Educação Infantil 372.21

Iolanda Rodrigues Biode – Bibliotecária – CRB-8/10014

Impresso no Brasil – dezembro de 2021

Zilma de Moraes Ramos de Oliveira

Educação Infantil

Para André e Katarina,
com carinho e esperança

8ª edição
revista, atualizada e ampliada
1ª reimpressão

CORTEZ EDITORA

Sumário

Aos professores

A Cortez Editora tem a satisfação de trazer ao público brasileiro, particularmente aos estudantes e profissionais da área educacional, a **Coleção Docência em Formação**, destinada a subsidiar a formação inicial de professores e a formação contínua daqueles que se encontram no exercício da docência.

Resultado de reflexões, pesquisas e experiências de vários professores especialistas de todo o Brasil, a Coleção propõe uma integração entre a produção acadêmica e o trabalho nas escolas. Configura um projeto inédito no mercado editorial brasileiro por abarcar a formação de professores para todos os níveis de escolaridade: a **Educação Básica** (incluindo a **Educação Infantil**, o **Ensino Fundamental** e o **Ensino Médio**) e a **Educação Superior**; a educação de jovens e adultos e a educação profissional. Completa essa formação com as problemáticas transversais e com os saberes pedagógicos.

Com mais de 38 anos de experiência e reconhecimento, a Cortez é uma referência no Brasil, nos demais países latino-americanos e em Portugal pela coerência de sua linha editorial e atualidade dos temas que publica, especialmente na área da educação, entre outras. É com orgulho e satisfação que lançamos esta coleção, pois estamos convencidos de que representa novo e valioso impulso e colaboração ao pensamento pedagógico e à valorização do trabalho dos professores na direção de uma melhoria da qualidade social da escolaridade.

José Xavier Cortez
Diretor

Apresentação da coleção

A Coleção **Docência em Formação** tem por objetivo oferecer aos professores em processo de formação e aos que já atuam como profissionais da Educação subsídios formativos que levem em conta as novas diretrizes curriculares, buscando atender, de modo criativo e crítico, às transformações introduzidas no sistema nacional de ensino pela Lei de Diretrizes e Bases da Educação Nacional, de 1996. Sem desconhecer a importância desse documento como referência legal, a proposta desta Coleção identifica seus avanços e seus recuos e assume como compromisso maior buscar uma efetiva interferência na realidade educacional por meio do processo de ensino e de aprendizagem, núcleo básico do trabalho docente. Seu propósito é, pois, fornecer aos docentes e alunos das diversas modalidades dos cursos de formação de professores (Licenciaturas) e aos docentes em exercício, livros de referência para sua preparação científica, técnica e pedagógica. Os livros contêm subsídios formativos relacionados ao campo dos saberes pedagógicos, bem como ao campo dos saberes relacionados aos conhecimentos especializados das áreas de formação profissional.

A proposta da Coleção parte de uma concepção orgânica e intencional de educação e de formação de seus profissionais, e com clareza do que se pretende formar para atuar no contexto da sociedade brasileira contemporânea, marcada por determinações históricas específicas.

Como bem mostram estudos e pesquisas recentes na área, os professores são profissionais essenciais nos processos de mudanças das sociedades. Se forem deixados à margem, as decisões pedagógicas e curriculares alheias, por mais interessantes que possam parecer, não se efetivam, não gerando efeitos sobre o social. Por isso, é preciso investir na formação e no desenvolvimento profissional dos professores.

Na sociedade contemporânea, as rápidas transformações no mundo do trabalho, o avanço tecnológico configurando a sociedade virtual e os meios de informação e comunicação incidem com bastante força na escola, aumentando os desafios para torná-la uma conquista democrática efetiva. Transformar as escolas em suas práticas e culturas tradicionais e burocráticas que, por intermédio da retenção e da evasão, acentuam a exclusão social, não é tarefa simples nem para poucos. O desafio é educar as crianças e os jovens propiciando-lhes um desenvolvimento humano, cultural, científico e tecnológico, de modo que adquiram condições para fazer frente às exigências do mundo contemporâneo. Tal objetivo exige esforço constante do coletivo da escola – diretores, professores, funcionários e pais de alunos – dos sindicatos, dos governantes e de outros grupos sociais organizados.

Não se ignora que esse desafio precisa ser prioritariamente enfrentado no campo das políticas públicas. Todavia, não é menos certo que os professores são profissionais essenciais na construção dessa nova escola. Nas últimas décadas, diferentes países realizaram grandes investimentos na área da formação e desenvolvimento profissional de professores visando essa finalidade. Os professores contribuem com seus saberes, seus valores, suas experiências nessa complexa tarefa de melhorar a qualidade social da escolarização.

Entendendo que a democratização do ensino passa pelos professores, por sua formação, por sua valorização profissional e por suas condições de trabalho, pesquisadores têm apontado para a importância do investimento no seu desenvolvimento profissional, que envolve formação inicial e continuada, articulada a um processo de valorização identitária e profissional dos professores. Identidade que é *epistemológica*, ou seja, que reconhece a docência como um *campo de conhecimentos específicos* configurados em quatro grandes conjuntos, a saber:

1. conteúdos das diversas áreas do saber e do ensino, ou seja, das ciências humanas e naturais, da cultura e das artes;
2. conteúdos didático-pedagógicos, diretamente relacionados ao campo da prática profissional;
3. conteúdos relacionados a saberes pedagógicos mais amplos do campo teórico da educação;
4. conteúdos ligados à explicitação do sentido da existência humana individual, com sensibilidade pessoal e social.

Vale ressaltar que identidade que é *profissional*, ou seja, a docência, constitui um campo específico de intervenção profissional na prática social. E, como tal, ele deve ser valorizado em seus salários e demais condições de exercício nas escolas.

O desenvolvimento profissional dos professores tem-se constituído em objetivo de propostas educacionais que valorizam a sua formação não mais fundamentada na racionalidade técnica, que os considera como meros executores de decisões alheias, mas em uma perspectiva que reconhece sua capacidade de decidir. Ao confrontar suas ações cotidianas com as produções teóricas, impõe-se rever suas práticas e as teorias que as informam, pesquisando a prática e produzindo novos conhecimentos para a teoria e a prática de ensinar. Assim, as transformações das práticas docentes só se efetivam à medida que o professor *amplia sua consciência sobre a própria prática*, a de sala de aula e a da escola como um todo, o que pressupõe os conhecimentos teóricos e críticos sobre a realidade. Tais propostas enfatizam que os professores colaboram para transformar as escolas em termos de gestão, currículos, organização, projetos educacionais, formas de trabalho pedagógico. Reformas gestadas nas instituições, sem tomar os professores como parceiros/autores, não transformam a escola na direção da qualidade social. Em consequência, *valorizar o trabalho docente significa dotar os professores de perspectivas de análise que os ajudem a compreender os contextos históricos, sociais, culturais, organizacionais nos quais se dá sua atividade docente.*

Na sociedade brasileira contemporânea, novas exigências estão postas ao trabalho dos professores. No colapso das antigas certezas morais, cobra-se deles que cumpram funções da família e de outras instâncias sociais; que respondam à necessidade de afeto dos alunos; que resolvam os problemas da violência, das drogas e da indisciplina; que preparem melhor os alunos nos conteúdos das matemáticas, das ciências e da tecnologia tendo em vista colocá-los em melhores condições para enfrentarem a competitividade; que restaurem a importância dos conhecimentos na perda de credibilidade das certezas científicas; que sejam os regeneradores das culturas/identidades perdidas com as desigualdades/diferenças culturais; que gestionem as escolas com economia cada vez mais frugal; que trabalhem coletivamente em escolas com horários cada vez mais fragmentados. Em que pese a importância dessas demandas, não se pode exigir que os professores individualmente considerados façam frente a elas. Espera-se, sim, que coletivamente apontem caminhos institucionais a seu enfrentamento.

É nesse contexto complexo, contraditório, carregado de conflitos de valor e de interpretações, que se faz necessário ressignificar a identidade do professor. O ensino, atividade característica do professor, é uma prática social complexa, carregada de conflitos de valor e que exige opções éticas e políticas. Ser professor requer saberes e conhecimentos científicos, pedagógicos, educacionais, sensibilidade da experiência, indagação teórica e criatividade para fazer frente às situações únicas, ambíguas, incertas, conflitivas e, por vezes, violentas, das situações de ensino, nos contextos escolares e não escolares. É da natureza da atividade docente proceder à mediação reflexiva e crítica entre as transformações sociais concretas e a formação humana dos alunos, questionando os modos de pensar, sentir, agir e de produzir e distribuir conhecimentos na sociedade.

Problematizando e analisando as situações da prática social de ensinar, o professor incorpora o conhecimento elaborado, das ciências, das artes, da filosofia, da pedagogia e das ciências da educação, como ferramentas para a compreensão e proposição do real.

A Coleção investe, pois, na perspectiva que valoriza a capacidade de decidir dos professores. Assim, discutir os temas que perpassam seu cotidiano nas escolas – projeto pedagógico, autonomia, identidade e profissionalidade dos professores, violência, cultura, religiosidade, a importância do conhecimento e da informação na sociedade contemporânea, a ação coletiva e interdisciplinar, as questões de gênero, o papel do sindicato na formação, entre outros –, articulados aos contextos institucionais, às políticas públicas e confrontados com experiências de outros contextos escolares e com as teorias, é o caminho a que a **Coleção Docência em Formação** se propõe.

Os livros que a compõem apresentam um tratamento teórico-metodológico pautado em três premissas: há uma estreita vinculação entre os conteúdos científicos e os pedagógicos; o conhecimento se produz de forma construtiva e existe uma íntima articulação entre teoria e prática.

Assim, de um lado, impõe-se considerar que a atividade profissional de todo professor possui uma natureza pedagógica, isto é, vincula-se a objetivos educativos de formação humana e a processos metodológicos e organizacionais de transmissão e apropriação de saberes e modos de ação. O trabalho docente está impregnado de intencionalidade, pois visa a formação humana por meio de conteúdos e habilidades de pensamento e ação, implicando escolhas, valores, compromissos éticos. O que significa introduzir objetivos explícitos de natureza conceitual, procedimental e valorativa em relação aos conteúdos da matéria que se ensina; transformar o saber científico ou tecnológico em conteúdos formativos; selecionar e organizar conteúdos de acordo com critérios lógicos e psicológicos em função das características dos alunos e das finalidades do ensino; utilizar métodos e procedimentos de ensino específicos inserindo-se em uma estrutura organizacional em que participa das decisões e das ações coletivas. Por isso, para ensinar, o professor necessita de conhecimentos e práticas que ultrapassem o campo de sua especialidade.

De outro ponto de vista, é preciso levar em conta que todo conteúdo de saber é resultado de um processo de construção de conhecimento. Por isso, dominar conhecimentos não se refere apenas à apropriação de dados objetivos pré-elaborados, produtos prontos do saber acumulado. Mais do que dominar os produtos, interessa que os alunos compreendam que estes são resultantes de um processo de investigação humana. Assim, trabalhar o conhecimento no processo formativo dos alunos significa proceder à mediação entre os significados do saber no mundo atual e aqueles dos contextos nos quais foram produzidos. Significa explicitar os nexos entre a atividade de pesquisa e seus resultados, portanto, instrumentalizar os alunos no próprio processo de pesquisar.

Na formação de professores, os currículos devem configurar a pesquisa como princípio cognitivo, investigando com os alunos a realidade escolar, desenvolvendo neles essa atitude investigativa em suas atividades profissionais e assim configurando a pesquisa também como *princípio formativo* na docência.

Além disso, é no âmbito do processo educativo que mais íntima se afirma a relação entre a teoria e a prática. Em sua essência, a educação é uma prática, mas uma prática intrinsecamente intencionalizada pela teoria. Decorre dessa condição a atribuição de um lugar central ao estágio, no processo da formação do professor. Entendendo que o estágio é constituinte de todas as disciplinas percorrendo o processo formativo desde seu início, os livros da Coleção sugerem várias modalidades de articulação direta com as escolas e demais instâncias nas quais os professores atuarão, apresentando formas de estudo, análise e problematização dos saberes nelas praticados. O estágio também pode ser realizado como espaço de projetos interdisciplinares, ampliando a compreensão e o conhecimento da realidade profissional de ensinar. As experiências docentes dos alunos que já atuam no Magistério, como também daqueles que participam da formação continuada, devem ser valorizadas como referências importantes para serem discutidas e refletidas nas aulas.

Considerando que a relação entre as instituições formadoras e as escolas pode se constituir em espaço de formação contínua para os professores das escolas assim como para os formadores, os livros sugerem a realização de projetos conjuntos entre ambas. Essa relação com o campo profissional poderá propiciar ao aluno em formação oportunidade para rever e aprimorar sua escolha pelo Magistério.

Para subsidiar a formação inicial e continuada dos professores onde quer que se realizem: nos cursos de licenciatura, de pedagogia e de pós-graduação, em universidades, faculdades isoladas, centros universitários e Ensino Médio, a Coleção está estruturada nas seguintes séries:

Educação Infantil: profissionais de creche e pré-escola.

Ensino Fundamental: professores do 1º ao 5º ano e do 6º ao 9º ano.

Ensino Médio: professores do Ensino Médio.

Ensino Superior: professores do Ensino Superior.

Educação de Jovens e Adultos: professores de jovens e adultos em cursos especiais.

Saberes pedagógicos e formação de professores.

Em síntese, a elaboração dos livros da Coleção pauta-se nas seguintes perspectivas: investir no conceito de *desenvolvimento profissional*, superando a visão dicotômica de formação inicial e de formação continuada; investir em sólida formação teórica nos campos que constituem os saberes da docência; considerar a formação voltada para a profissionalidade docente e para a construção da identidade de professor; tomar a pesquisa como componente essencial da/na formação; considerar a prática social concreta da educação como objeto de reflexão/formação ao longo do processo formativo; assumir a visão de totalidade do processo escolar/educacional em sua inserção no contexto sociocultural; valorizar a docência como atividade intelectual, crítica e reflexiva; considerar a ética como fator fundamental na formação e na atuação docente.

Selma Garrido Pimenta
Coordenadora

Prefácio

Muitos anos se passaram desde o lançamento da primeira edição deste livro. Todavia, revendo seu conteúdo, reconheço que as ideias nele apresentadas ainda iluminam muito o debate da Educação Infantil em nosso País, consolidando uma forma de pensar muitos dos desafios e encaminhamentos na área. Tais ideias buscam conversar com o que muitos professores questionam sobre como aprimorar seu trabalho, como conhecer as reações das crianças, como estabelecer relações mais cordiais com as famílias, quais modelos de Educação Infantil há nos dias de hoje e quanto eles retomam ou não modelos do passado, como manter sua autonomia de decisão diante de novas ordenações políticas trazidas para a área, como as Diretrizes Curriculares Nacionais da Educação Infantil e a Base Nacional Comum Curricular (BNCC).

O conteúdo desta obra (organizada em capítulos) continua reunindo temas de conferências e aulas aqui reelaborados para ampliar a interação com os leitores. Alguma reiteração de ideias é mantida para reforçar posições. Sim, porque na Educação Infantil hoje é preciso apontar caminhos e defendê-los, ainda que de modo aberto às críticas e aos questionamentos dos leitores. Como professora e pesquisadora, percebo que a escolha dos temas deste livro e a seleção de sugestões de atividades e de leituras complementares buscam apoiar outros docentes e coordenadores pedagógicos na atividade formativa que exercem.

A inclusão da temática relativa à Base Nacional Comum Curricular nesta edição aponta que a construção teórico-metodológica da área presente neste livro oferece um ponto de partida para que o professor ou a professora que trabalha com crianças de zero a cinco anos construa o currículo de sua turma considerando o que dispõe a Base.

Assim espero!

Razões para este livro

É tarefa urgente repensar a formação profissional de todos os que trabalham com crianças de zero a cinco anos em creches e pré-escolas. A inclusão da creche no sistema de ensino acarretou uma série de debates sobre o que é a função docente e como preparar professores com perfis que respondam mais adequadamente à diversidade de situações presentes na educação de crianças, desde o nascimento, em instituições educacionais. Também mudanças que têm ocorrido nas concepções propostas em relação à construção do saber e à escola trazem consequências para a prática pedagógica e despertam para a necessidade de modificações na formação docente.

A profissionalização dos educadores que trabalham na Educação Infantil é um processo cultural que depende da função atribuída à creche e à pré-escola. Historicamente, a formação do docente da área tem sido extremamente pobre ou inexistente, principalmente a dos que trabalham em creches, área de muita atuação leiga e predominantemente feminina. Isso se deu porque, dentro do quadro de marcantes desigualdades entre as diversas e antagônicas classes sociais existentes em nossa sociedade, a concepção assistencialista, tradicionalmente usada para nortear o trabalho realizado nas creches — particularmente naquelas que atendem crianças filhas de famílias de baixa renda —, fez com que pessoas sem qualificação profissional específica fossem recrutadas para cuidar das crianças e interagir com elas. O "currículo oculto" a permear a (pouca) formação do pessoal recrutado envolveria apenas experiência de cuidado dos próprios filhos.

Esse modelo familiar/materno de cuidado e educação de crianças pequenas, portanto, nega a exigência de profissionalização. Basta a transposição de competências maternais para orientar o trabalho com o grupo de crianças, embora o modelo envolva uma dimensão nova: a de prestar cuidados remunerados a filhos alheios. Desse profissional requer-se paciência, capacidade para expressar afeto e firmeza na coordenação do grupo infantil. Pouco se exige em termos de conhecimento mais elaborado acerca das funções da Educação Infantil e das características sócio-históricas do desenvolvimento das crianças, bem como em termos do domínio do saber historicamente elaborado a respeito das diversas dimensões pelas quais o homem e o mundo podem ser conhecidos.

O modelo higienista, historicamente elaborado, de trabalho em creches e pré-escolas, por outro lado, defende a formação de puericultores ou de berçaristas, com conhecimentos e habilidades voltados ao desenvolvimento físico das crianças. Por sua vez, o modelo recreacionista de Educação Infantil propõe o preparo de animadores culturais e especialistas em lazer para orientar a infância naquelas instituições. Já o modelo escolar advoga a presença de professores polivalentes que interajam com as crianças desde o nascimento.

O aprimoramento da formação docente requer, hoje, muita ousadia e criatividade. Tal formação deve considerar que a diversidade está presente nas creches e pré-escolas não só em relação às faixas etárias das crianças e ao número de horas semanais em que ocorre o atendimento a elas, mas também em relação aos objetivos defendidos e às programações de atividades efetivadas em seu cotidiano.

O tema "professor" de creche assim aparece na nº Lei 9394/96, artigo 13:

"Os docentes incumbir-se-ão de:

I – participar da elaboração da proposta pedagógica do estabelecimento de ensino;

II – elaborar e cumprir plano de trabalho, segundo a proposta pedagógica do estabelecimento de ensino;

III – zelar pela aprendizagem dos alunos;

IV – estabelecer estratégias de recuperação para os alunos de menor rendimento;

V – ministrar os dias letivos e horas-aula estabelecidos, além de participar integralmente dos períodos dedicados ao planejamento, à avaliação e ao desenvolvimento profissional;

VI – colaborar com as atividades de articulação da escola com as famílias e a comunidade".

Pode parecer estranho falar, tal como o faz o legislador, em *estabelecimento de ensino*, em aluno *com menor rendimento*, quando se trata de trabalho realizado em creches e pré-escolas. Contudo, novas perspectivas com respeito ao ensinar consideram que há uma construção de significações (afetos e conhecimentos) por parte da criança desde o nascimento, mediada por parceiros mais experientes, em situações que, como já apontamos, constituem uma relação de *en-sinar*, ou seja, de apontar signos. Supera-se, assim, a tradicional definição do ensino como prática associada à transmissão de conceitos, geralmente elaborados dentro de disciplinas acadêmicas.

Em virtude disso, pode-se afirmar que o professor de creche ou pré-escola, ou seja, aquele que trabalha diretamente com as crianças, participa da elaboração da proposta pedagógica de sua instituição, desenvolve, com base nela, um plano de trabalho junto às crianças, zela pela aprendizagem e desenvolvimento delas, ajustando as condições do ambiente físico e social, responde pela programação estipulada, participa de treinamentos e busca articulação com a família e a comunidade. No caso do professor de creche, ele é um especialista no tratamento do processo de *ensinar* crianças muito pequenas, que ocorre em um ambiente coletivo e diverso do familiar.

Há muitas opções para o arranjo curricular dos cursos de formação, as quais podem ser assumidas na proposta pedagógica da instituição formadora. Tomando os países europeus não como modelos, mas como pontos de referência para a discussão, nota-se que os cursos de formação inicial para professores da pré-escola naqueles países são organizados em nível superior, contando tanto com períodos de estudo acadêmico quanto com períodos de prática de ensino. Assim, um requisito básico para tais cursos é o certificado de conclusão do Ensino Médio, muitas vezes com exigência de boas notas em determinadas disciplinas.

Em alguns países, como na França, Itália e Espanha, são altos os requisitos para o ingresso nos cursos de formação de professores que vão atuar no nível anterior ao da escolaridade obrigatória, tornando muito atraente o trabalho nesse nível e conferindo-lhe alto prestígio social. Em outros países, como a Suécia, por exemplo, as exigências são menores, quando a demanda por aquela formação é baixa, e crescem, quando ela é alta.

A maioria dos países europeus separa a formação para trabalhar na Educação Infantil daquela que prepara os que vão atuar no Ensino Fundamental. Nos cursos, solicita-se aos alunos que optem por especializar-se no trabalho com uma faixa de idade. Na Inglaterra e no País de Gales, mesmo que o futuro professor tenha optado apenas pela especialização para trabalhar na pré-escola, ele é qualificado para lecionar também na escola primária. Na França e na Holanda, há pressão para abolir as especializações por faixas etárias, propondo-se a preparação conjunta de todos os professores que vão lecionar no ensino infantil e na escola elementar. As opiniões dos educadores a respeito disso se dividem. Para alguns, a especificidade da Educação Infantil requer uma formação em separado. Outros consideram que, a não ser que sejam capazes de operar também ao longo do Ensino Fundamental, os professores de Educação Infantil não adquirirão a paridade com seus colegas das séries mais adiantadas.

Como poucos dos sistemas de ensino europeus incorporam o trabalho com crianças menores de três anos, são raros os cursos de graduação que formam educadores para trabalhar nessa área. As exceções apontadas são a Dinamarca e a Espanha.

Quanto ao conteúdo dos cursos, há também grande variedade nas experiências europeias. A Escandinávia põe ênfase no domínio, pelo educador, de conhecimento sobre folclore, dança, além de conhecimento de outras culturas e países. Na Irlanda, destaca-se o conhecimento musical, na Espanha, o da história da arte, enquanto na Grã-Bretanha recomendam-se conhecimentos de ciência, tecnologia e economia por parte dos educadores pré-escolares. Há, ademais, outros requisitos nos vários países: habilidade musical (Irlanda), conhecimento de língua estrangeira (Suécia, Holanda), entre outros.

Entre nós, alguns pontos devem ser considerados na elaboração de programas de formação docente para a Educação Infantil. A Lei de Diretrizes e Bases da Educação Nacional, de 1996, dispõe que a formação do profissional de Educação Infantil se faça em nível superior ou médio:

"A formação de *docentes* para atuar na *Educação Básica* far-se-á em nível superior, em curso de licenciatura, de graduação plena, em universidades e institutos superiores de educação, admitida, como formação mínima para o exercício do magistério na *Educação Infantil* e nas quatro primeiras séries do Ensino Fundamental, a oferecida em nível médio, na modalidade Normal" (Lei nº 9395/96, artigo 62).

A formação de educadores, no nível superior, para trabalhar em creches e pré-escolas tem sido cada vez mais destacada na discussão da melhoria da qualidade do trabalho pedagógico nelas realizado, mas não há, ainda, consenso. Enquanto alguns sustentam que apenas um nível mais elevado de exigências e de trabalho acadêmico pode possibilitar uma modificação do desempenho docente verificado na área, outros argumentam que tal elevação do nível de escolaridade requerido tornaria muito oneroso o atendimento, por redes municipais, às crianças até seis anos em creches e pré-escolas.

De qualquer modo, a demanda por aperfeiçoamento do quadro de qualificação profissional é alta não apenas nas redes públicas de educação, como também entre as escolas particulares, que atendem uma clientela de maior poder aquisitivo. Entre as creches e pré-escolas particulares que desenvolvem um trabalho de melhor qualidade, o diploma de ensino superior, além de cursos de aperfeiçoamento em artes, alfabetização, psicomotricidade e outros, vem sendo cada vez mais requerido. Por sua vez, a criação de quadros técnicos para as redes municipais de creches e pré-escolas também tem ampliado a demanda pela formação desses técnicos em nível superior.

Entretanto, por uma série de fatores, a ampliação da escolaridade dos professores não se tem traduzido necessariamente em melhoria substantiva do fazer docente. Desanimados com suas condições de trabalho, eles buscam um diploma de nível superior, mas o máximo que conseguem é uma promoção na carreira com algum aumento de salário, e não maior competência profissional, como almejam. Isso acontece porque as propostas pedagógicas examinadas em cursos de formação, seja no nível médio, seja no ensino superior, são aprendidas de modo superficial, dentro de currículos de formação desatualizados, acarretando aos professores pouca autonomia e insuficiente posicionamento crítico.

A preocupação legal em relação a certos princípios básicos para essa formação assim se expressa:

"A formação de profissionais da educação, de modo a atender aos objetivos dos diferentes níveis e modalidades de ensino e às características de cada fase do desenvolvimento do educando, terá como fundamentos:

I – a associação entre teorias e práticas, inclusive mediante a capacitação em serviço;

II – aproveitamento da formação e experiências anteriores em instituições de ensino e outras atividades" (Lei nº 9394/96, artigo 61).

Políticas de valorização da Educação Infantil são unânimes em reconhecer que a identidade institucional pode ser aperfeiçoada à medida que cada educador troque experiências profissionais e discuta teorias orientadoras, enquanto reflete sobre o sentido de certas práticas didáticas junto às crianças.

Orientações legais aprovadas pelo Conselho Nacional de Educação (particularmente a Resolução CNE/CP nº 2/99 e o Parecer CNE/CEB nº 1/99, que tratam da formação de professores para a Educação Infantil e as séries iniciais do Ensino Fundamental em nível médio, e também a Resolução CNE/CP nº 1/99 e o Parecer CNE/CES nº 970/99, que tratam daquela formação em nível superior) e pelos Conselhos Estaduais de Educação estipulam condições para a formulação de cursos de formação inicial. Esta formação se completa com a existência de um estatuto do magistério e de concursos públicos de efetivação no cargo, tal como disposto na Lei nº 9394/96, artigo 67:

"Os sistemas de ensino promoverão a valorização dos profissionais da educação, assegurando-lhes, inclusive nos termos dos estatutos e dos planos de carreira do magistério público:

I – ingresso exclusivamente por concurso público de provas e títulos...".

A profissionalização do educador infantil, todavia, não está ligada simplesmente à formação, mas ocorre também com a experiência, com a aprendizagem cotidiana, com as interações construídas com diferentes atores e que conduzem a formas de intervenção em situações específicas. Não é um caminho a ser trilhado individualmente, mas um processo grupal de aperfeiçoamento que continua por todo o período de atuação do profissional.

A fim de subsidiar novas políticas de formação profissional na área de Educação Infantil, gostaríamos de resumir algumas propostas:

1) O professor de Educação Infantil deve ter formação ética e competência na especificidade de sua tarefa em determinado momento sócio-histórico de um mundo complexo, contraditório e em constante mudança. Isso envolve capacidades para tomada de decisões com base em permanente reflexão acerca de sua própria prática pedagógica. Essa perspectiva de educação continuada imbrica-se com o desenvolvimento da capacidade de avaliar situações e comportamentos e integra-se ao projeto educativo que é constituído na creche ou pré-escola. Desse profissional exige-se investimento emocional, conhecimento técnico-pedagógico e compromisso com a promoção do desenvolvimento dos alunos.

2) Aquela formação deve incluir o exame dos conhecimentos e valores dos professores ou futuros professores acerca da criança e seu desenvolvimento e da função da creche e pré-escola. Deve, outrossim, garantir-lhes a apropriação de um conhecimento técnico e o desenvolvimento de habilidades para realizar atividades variadas, particularmente

as expressivas, e para interagir com crianças pequenas, auxiliando-as ainda a interagir com outras crianças.

3) A formação desses professores deve buscar desenvolver-lhes a capacidade de estabelecer com as crianças relações cordiais, acolhedoras, sintonizadas, estimuladoras, balizadoras de limites.

4) Como o professor repete, na relação com a criança, suas próprias experiências infantis, ele precisa confrontar-se em um grupo de formação profissional e reconhecer suas emoções, para poder estabelecer uma relação segura com a criança e com ela construir conhecimentos em clima carinhoso.

5) Mais do que nos outros níveis de escolarização, a formação do professor de crianças pequenas envolve prepará-lo para compor importante triângulo ao qual as propostas pedagógicas não têm atentado: a relação professor–criança–mãe. Não se pensa aqui na ilusória possibilidade de substituição da família nem em uma educação totalmente desvinculada do nicho familiar. Em vez disso, a formação dos professores deve trabalhar certos sentimentos que a atuação profissional lhes desperta e estimulá-los a examinar os conflitos surgidos na relação interpessoal com a criança e com sua família. Para uma compreensão mais autônoma do próprio trabalho, o professor necessita analisar continuamente sua própria frustração e agressividade.

6) Reuniões de supervisão de estágio são um ponto fundamental na formação defendida. Nelas devem ser trabalhadas, de forma integrada e crítica, tanto a percepção do papel de professor quanto o desempenho dele, cuidando ainda para garantir o exame das dimensões éticas da atuação docente. A fim de consolidar uma atuação mais eficiente, o período de estágio requer criar espaço para que a pesquisa ocorra.

Professores de Educação Infantil são responsáveis por imprimir uma base sólida à trajetória escolar bem-sucedida das crianças. Dar-lhes boa formação, discutir com eles alguns dos condicionantes que fizeram a Educação Infantil ter a trajetória descrita são formas de confirmá-los como profissionais com competência para desenvolver propostas pedagógicas de qualidade em nossas creches e pré-escolas.

I

Uma introdução ao tema

A educação de crianças de zero a cinco anos em creches e pré-escolas tem sido vista, cada vez mais, como um investimento necessário para seu desenvolvimento desde os primeiros meses até a idade de ingresso na escolarização obrigatória.

A Educação Infantil evoluiu do que foi chamado "educação pré-escolar", entendida como todo atendimento fora da família a crianças e adolescentes que não frequentavam o que se considerava a escola. Com a universalização da escolaridade de crianças acima de sete anos —ou mais recentemente de seis e mesmo de cinco anos — dentro do nível de ensino considerado obrigatório, a ideia de pré-escola restringiu-se àquilo que nossa legislação chama de educação infantil. Desde 2012 a matrícula de crianças acima de quatro anos na Educação Infantil é obrigatória.

A partir da Lei nº 9394/96, que estabelece novas diretrizes e bases para a educação nacional, o atendimento a crianças em creches (até três anos de idade) e pré-escolas (de quatro e cinco anos) constitui a Educação Infantil, nível de ensino integrante da educação básica. Esta condição, ao mesmo tempo que rompe com a tradição assistencialista presente na área, requer um aprofundamento do debate acerca de quais seriam os modelos de qualidade para a educação coletiva de crianças pequenas. Os modelos educacionais defendidos na área têm muitos elementos comuns, em virtude da intensa circulação de ideias e de proposições em relação à Educação Infantil em curso desde o século XIX, com a universalização do discurso da psicologia e a difusão internacional da ideia de jardim de infância.

No entanto, hoje a Educação Infantil é desafiada a responder ao entendimento de que a diversidade humana, tão preciosa, corre o risco de desaparecer em decorrência da globalização da economia, com reflexos para as instituições sociais. No mundo todo, crianças de diferentes países são postas diante das mesmas imagens na TV por satélite. A boneca Barbie, por exemplo, tem traços anglo-saxônicos, mas é apresentada a culturas latinas, asiáticas e africanas como objeto básico do desejo para todas as crianças de todos os países, apesar das marcantes diferenças entre seus traços físicos e os das mulheres dessas culturas.

As instituições de Educação Infantil podem oferecer alternativas a essa força padronizadora. Apesar das pressões comuns, essas instituições assumem características próprias nos diferentes países e têm-se modificado em cada um deles, em resposta a transformações em padrões familiares e de trabalho, assim como no pensamento educacional vigente.

Os sistemas de Educação Infantil de diferentes países divergem quanto ao percentual de crianças atendidas nas diversas faixas etárias que a compõem, aos níveis de investimentos feitos, aos princípios pedagógicos defendidos, aos objetivos educacionais propostos, às formas de organização das turmas, dos espaços, dos horários e das atividades cotidianas dos adultos e crianças de cada instituição. Essas diferenças são ocasionadas pela heterogeneidade de tradições históricas, culturais e políticas que permeiam a vida do país, da região e de cada cidade, pela diversidade dos recursos humanos que trabalham naquelas instituições e também pela existência de concepções variadas a respeito das funções da Educação Infantil.

Suas características condicionam a atividade da criança às rotinas, à dimensão relacional, ao domínio de determinada língua falada, ao mundo de significados já construídos em uma sociedade e a cotidianos culturalmente criados. Assim, embora o destaque dado ao contato com histórias ou produções musicais e à oportunidade de representar usando diferentes linguagens seja universal, a forma de fazê-lo é singular em cada cultura. Mesmo quando a presença de um mesmo material conduz à produção de elementos culturais idênticos, as variações em seu uso dão margem ao cultivo da singularidade.

As concepções existentes sobre Educação Infantil têm pesos políticos próprios, visto que os familiares, os educadores, os responsáveis pelas políticas públicas e outros adultos alimentam expectativas diversas acerca das habilidades específicas de cada criança e estabelecem metas antagônicas em relação ao que ela deve alcançar — expectativas e metas fortemente condicionadas pela classe social da população atendida.

Em nosso País, as instituições mantidas pelo poder público têm dado prioridade de matrícula aos filhos de trabalhadores de baixa renda, invocando a noção de "risco social". Por vezes, o argumento é que a educação das crianças em idade anterior à do ingresso no Ensino Fundamental deve ser um serviço de assistência às famílias, para que pais e mães possam trabalhar despreocupados com os cuidados básicos a serem ministrados a seus filhos pequenos. Em outras ocasiões, sustenta-se, particularmente por parte dos grupos sociais privilegiados, que a creche e a pré-escola devem ser organizações preocupadas em garantir a aprendizagem e o desenvolvimento global das crianças desde o nascimento.

Como se há de aprofundar, a ideia de que há prioridade de guarda para as crianças de famílias de baixa renda e de educação para as de classe média estabelece uma oposição enganosa: não é possível ter a guarda das crianças sem as educar, e educá-las envolve também tomar conta delas. A existência desse tipo de argumentação só se explica por razões históricas, como uma das formas que a sociedade brasileira, com suas marcantes desigualdades sociais, encontrou para regular as oportunidades de acesso aos bens culturais de que dispõem as diferentes camadas da população.

O grande desafio, hoje, da Educação Infantil é superar a maneira dual com que as duas instituições têm sido tratadas: a creche, em geral, gerida pelos organismos que cuidam da assistência social, e a pré-escola sob os cuidados, ainda que periféricos, dos órgãos educacionais. Nesse sentido, a construção de propostas pedagógicas para creches e pré-escolas levanta a questão da especificidade de sua ação educativa nesse nível de ensino para promover o desenvolvimento das crianças das diferentes classes sociais.

A problemática social que tem sido evocada para justificar o atendimento a crianças pequenas fora da família deve hoje merecer outro tratamento. Creches e pré-escolas não devem nem substituir a família nem antecipar práticas tradicionais de escolarização. Apesar de reconhecermos que, quando mantidas pelo poder público, elas são responsáveis por fornecer alimentação e estimulação especial para populações infantis em situação de desigualdade de recursos, além de constituírem importantes mecanismos para garantir a igualdade de acesso ao mercado de trabalho por homens e mulheres, há muitos outros programas fundamentais para as famílias pertencentes às camadas populares que devem ser desenvolvidos pelas políticas públicas.

É possível criar múltiplas alternativas de programas de Educação Infantil obedecendo a critérios mínimos de qualidade, alternativas autorizadas e supervisionadas pelas autoridades educacionais comprometidas com a promoção da autonomia das instituições para desenvolver programas de qualidade.

Na defesa de um modelo democrático de educação — que não viabilize, ainda que de forma indireta, formas de marginalização e exclusão de crianças de segmentos sociais desprovidos do acesso a uma educação de qualidade —, a creche e a pré-escola devem se encarregar de educar meninos e meninas provenientes de diferentes culturas, levando-as em conta para poder articular convenientemente os diversos contextos de vivência e desenvolvimento. Isso requer não mais tomar como referência apenas a cultura das classes médias superiores urbanas (o que provoca grande abalo no modo pelo qual a escola evoluiu entre nós) como forma de assegurar a unidade social e a criação de um cidadão ideal — metas, sem dúvida, valiosas, embora pouco viáveis em sociedades em que há marcantes desigualdades entre os grupos de cidadãos.

Neste livro vamos destacar a polêmica com que é tratada a questão da Educação Infantil em creche e pré-escola e analisar a evolução das políticas na área. Para tanto, vamos discutir essas instituições enquanto significações historicamente elaboradas. Com este norte, pretendemos oferecer subsídios para a construção de uma *escola da infância*, local onde a criança tem fala, ou seja, pronuncia-se já desde o nascimento, construindo significados e cultura. Talvez, então, as "reinações infantis" tenham novo espaço para ser compreendidas. A presente proposta representa um olhar sistemático sobre o tema, explora argumentos, justifica princípios, mas admite muitos outros olhares.

Para saber mais

CAMPOS, Maria Malta; ROSEMBERG, Fúlvia (Org.). *Critérios para um atendimento em creches que respeite os direitos fundamentais das crianças*. Brasília: MEC: SEF: Coedi: 1995.

GARCIA, Regina Leite. *Revisitando a pré-escola*. São Paulo: Cortez, 1993.

OLIVEIRA, Zilma Ramos de. *Educação Infantil:* muitos olhares. São Paulo: Cortez, 1994.

Sugestão de atividade

Procure em jornais, revistas e/ou textos publicitários artigos que ilustrem como crianças pequenas — em casa, em creches e/ou em pré-escolas — são representadas.

Relacione o material pesquisado com o que foi exposto neste capítulo, fazendo um novo debate com sua turma e aprofundando seus conhecimentos.

II

Pode-se falar em uma *escola da infância*?

Do ponto de vista do sistema educacional, lutar contra a exclusão social é ajudar a criança a ampliar, desde cedo, sua relação com o saber, a dominar diferentes linguagens, valores culturais, padrões estéticos e éticos e formas de trabalho baseadas em preceitos científicos, além de propiciar-lhe o conhecimento de algumas das tecnologias presentes em sua cultura. Nesse processo, cada criança se constitui como sujeito único. Tal meta esbarra, entretanto, em uma série de obstáculos.

A creche, historicamente vista como refúgio assistencial para a população infantil desprovida de cuidados domésticos, tem definido a infância como uma questão de ordem privada e não tem considerado devidamente a comunidade maior como corresponsável pela educação dos pequenos. Nessa ótica, o peso recai todo sobre a família. A creche se apresenta apenas como sua substituta, limitando-se a desenvolver atividades que restringem o olhar da criança a uma esfera muito imediata. Com isso tem construído um retrato da infância descolado de sua sociedade e de sua cultura específicas.

Já a pré-escola, mesmo quando em busca de uma identidade própria dentro do sistema de ensino, tem, em geral, adotado uma concepção de ensino individualista e apartada do ambiente social, propondo à criança atividades pouco significativas para sua experiência pessoal, realizadas dentro de rígidas rotinas e em turmas organizadas segundo princípios de seriação. É comum prevalecer a ideia da Educação Infantil como preparatória para o ensino fundamental, o que tem levado a políticas públicas de garantia de vagas para crianças com idades mais próximas dos sete anos, em detrimento das menores, particularmente dos bebês.

Superar essa situação requer repensar certas concepções.

A primeira delas diz respeito ao conceito de infância que circula na sociedade. O termo "infância" (*in-fans*) tem o sentido de "não fala". Pode-se, com base nisso, perguntar: a que período da vida humana ele se referiria? Caso seja aos primeiros meses de vida, quando a criança ainda não adquiriu a língua de seu grupo cultural, é preciso lembrar que, desde o nascimento, já começam a ser construídos sistemas de comunicação entre o bebê e seu entorno social por meio de choros, sorrisos, gestos etc. — o que vale dizer que a tentativa de comunicar-se, ou seja, de falar, é muito precoce. "Infância" refere-se, então, aos primeiros anos de vida, em que, mesmo quando a criança fala, sua fala "não conta"?

Responder a esses questionamentos impele-nos a rever a literatura em pedagogia. Na educação grega do período clássico, "infância" referia-se a seres com tendências selvagens a serem dominadas pela razão e pelo bem ético e político. Já o pensamento medieval entendia a infância como evidência da natureza pecadora do homem, pois nela a razão, reflexo da luz divina, não se manifestaria. Mesmo os filósofos do Renascimento e da Idade Moderna não percebiam a infância como um período no qual a razão emerge, embora sem poder lidar plenamente com as informações que recebe de seu meio.

Na verdade, a infância não é um campo de lacunas, silêncios e passividade, nem está correta a imagem social de criança predominante na pedagogia como a de alguém muito frágil. Estudos em psicologia e em psicolinguística têm apontado a riqueza das falas infantis como instrumento de constituição e veiculação de significações. São falas diferentes de formas adultas de linguagem, mas testemunhas de um processo muito significativo de desenvolvimento da relação entre pensamento e linguagem.

Em consequência das muitas pesquisas já realizadas sobre a criança, ela aparece hoje com nova identidade. Crianças são aquelas "figurinhas" curiosas e ativas, com direitos e necessidades, que precisam de um espaço diferente tanto do ambiente familiar, onde são objeto do afeto de adultos (em geral, adultos muito confusos), quanto do ambiente escolar tradicional, frequentemente orientado para a padronização de condutas e ritmos e para avaliações segundo parâmetros externos à criança.

Dessa forma, propomos que creches e pré-escolas busquem aproximar cultura, linguagem, cognição e afetividade como elementos constituintes do desenvolvimento humano e voltados para a construção da imaginação e da lógica, considerando que estas, assim como a sociabilidade, a afetividade e a criatividade, têm muitas raízes e gêneses.

As conclusões dos estudos de psicologia do desenvolvimento acerca da construção da inteligência, da linguagem e do conhecimento pelas crianças, examinadas em idade cada vez mais precoce, têm sido assimiladas por creches e pré-escolas. Muitas destas, por sua vez, estão preocupadas com a construção de uma proposta pedagógica, que julgam progressista, orientada primordialmente para o desenvolvimento cognitivo. Este, no entanto, é por elas entendido de modo muito restrito, ignorando-se, por exemplo, a função do afeto nesse processo. Além disso, o desenvolvimento do raciocínio lógico e a construção de conceitos científicos são, muitas vezes, eleitos como metas do trabalho pedagógico com os pequenos, antecipando características do ensino fundamental tradicionalmente organizado.

A instituição de Educação Infantil pode atuar, sim, como agente de transmissão de conhecimentos elaborados pelo conjunto das relações sociais presentes em determinado momento histórico. Todavia, isso deve ser feito na vivência cotidiana com parceiros significativos, quando modos de expressar sentimentos em situações particulares, de recordar, de interpretar uma história, de compreender um fenômeno da natureza transmitem à criança novas maneiras de "ler" o mundo e a si mesma. Por exemplo, ela aprende a diferenciar um avião de um helicóptero, a ligar e a desligar o rádio e a televisão, a interessar-se por música, livros de história, consertos de automóveis, porque esses elementos fazem sentido para aqueles que com ela convivem e que, pelo uso que fazem desses objetos culturais, lhe apontam esses sentidos, em uma relação que é chamada de *ensino*, ou seja, de *apontar signos*. Tais aprendizagens promovem ao mesmo tempo o desenvolvimento das funções psicológicas das crianças.

As ações que apontam significados, e que podem ser chamadas de ações de ensino, têm de interagir com as ações das crianças, donas de um modo próprio de significar o mundo e a si mesma. Esse ponto reformula certas concepções de ensino que o colocam como movimento que parte do professor e toma a criança como mero receptor de suas mensagens, e amplia o olhar para as diferentes fontes de ensino (adultos, crianças e situações).

Se isso já ocorre na experiência cotidiana da criança na família e em grupos de vizinhança, na creche e na pré-escola deve haver não só maior planejamento dessa tarefa em termos de fortalecimento de redes de significados elaborados com as crianças, mas também um trabalho que inicie a formação de atitudes mais elaboradas de compreensão da realidade.

A forte influência, na área da Educação Infantil, de uma história higienista, de priorização de cuidados de saúde, e assistencialista, que ressalta o auxílio a populações de risco social, tem feito com que as propostas de creches e pré-escolas oscilem entre uma ênfase maior ou no cuidar ou no educar, apresentando dificuldades para integrar as duas tarefas. Essa visão, contudo, merece ser analisada.

Os cuidados ministrados na creche e na pré-escola não se reduzem ao atendimento de necessidades físicas das crianças, deixando-as confortáveis em relação ao sono, à fome, à sede e à higiene. Incluem a criação de um ambiente que garanta a segurança física e psicológica delas, que lhes assegure oportunidades de exploração e de construção de sentidos pessoais, que se preocupe com a forma pela qual elas estão se percebendo como sujeitos. Nesses ambientes de educação, a criança se sente cuidada. Sente que há uma preocupação com o seu bem-estar, com seus sentimentos, com suas produções, com sua autoestima. Educar e cuidar são formas de acolher. Todo este livro, portanto, trata exatamente dessa ação integrada.

1. Metas almejadas

Hoje, na Educação Infantil, o debate centra-se na autonomia de cada creche e pré-escola para elaborar e desenvolver seu projeto pedagógico e na necessidade de que esse projeto se comprometa com padrões de qualidade. Não se trata de aceitar qualquer modelo, mas de garantir qualidade no modelo educacional proposto.

Padrões de qualidade não são, entretanto, intrínsecos, fixos e predeterminados, mas historicamente específicos e negociáveis no sentido de garantir os direitos e o bem-estar das crianças. O uso de diferentes critérios para definir qualidade leva ao estabelecimento de muitas linhas de avaliação, algumas delas divergentes e contraditórias.

Um grande risco de uma proposta pedagógica para a Educação Infantil é o de "institucionalizar" a infância, regulá-la em excesso. Outro risco é o de torná-la um campo onde reine a espontaneidade, que pode camuflar formas sutis de dominação, tornando menos visíveis os critérios de excelência socialmente valorizados.

Construir creches e pré-escolas que não sejam instituições autoritárias e isoladas das famílias e não entendam a socialização como um ajustamento rápido e eficiente da criança à cultura dominante requer discutir o modelo supra-histórico de criança difundido não só na sociedade, mas também presente em muitos trabalhos acadêmicos, modelo que esconde as relações de poder desiguais que têm caracterizado a interação adulto–criança.

Essa meta não pode ignorar os condicionantes políticos presentes em toda a história da Educação Infantil, na qual os contextos educacionais se diferenciaram conforme a origem social da população atendida. Com isso, o acesso das crianças das camadas populares a experiências mais ricas de apropriação de conhecimentos e de desenvolvimento psicológico e social foi seguidamente prejudicado.

A definição de uma proposta pedagógica para a creche ou a pré-escola deve considerar a atividade educativa como ação intencional orientada para a ampliação do universo cultural das crianças, de modo que lhes sejam dadas condições para compreender os fatos e os eventos da realidade, habilitando-as a agir sobre ela de modo transformador.

O que aqui se propõe é ampliar a ideia (já presente em Mário de Andrade, o autor modernista que, como diretor do Departamento de Cultura do município de São Paulo, criou os primeiros parques infantis paulistas, na década de 1930) de que a ação educativa da creche e da pré-escola deve interpretar os interesses imediatos das crianças e os saberes já construídos por elas, além de buscar ampliar o ambiente simbólico a que estão sujeitas. Acima de tudo, comprometer-se em garantir o direito à infância que toda criança tem.

Esses pontos foram difundidos, em período anterior à Constituição de 1988, pelos educadores e pesquisadores envolvidos na área e foram apreciados na Lei de Diretrizes e Bases da Educação Nacional, que dispôs que: "A Educação Infantil, primeira etapa da educação básica, tem como finalidade o desenvolvimento integral da criança até seis anos de idade, em seus aspectos físico, psicológico, intelectual e social, complementando a ação da família e da comunidade" (Lei nº 9394/96, artigo 29).

Pesquisas sobre a aprendizagem e o desenvolvimento infantil revelam que pensar uma proposta pedagógica para creches e pré-escolas envolve organizar condições para que as crianças interajam com adultos e outras crianças em situações variadas, construindo significações acerca do mundo e de si mesmas, enquanto desenvolvem formas mais complexas de sentir, pensar e solucionar problemas, em clima de autonomia e cooperação. Podem as crianças, assim, constituir-se como sujeitos únicos e históricos, membros de famílias que são igualmente singulares em uma sociedade concreta.

A elaboração de uma proposta pedagógica para aquelas instituições requer valorizar, nas crianças, a construção de identidade pessoal e de sociabilidade, o que envolve um aprendizado de direitos e deveres. Na Educação Infantil, hoje, busca-se ampliar certos requisitos necessários para adequada inserção da criança no mundo atual: *sensibilidade* (estética e interpessoal), *solidariedade* (intelectual e comportamental) e *senso crítico* (autonomia, pensamento divergente). Tal ampliação é feita por intermédio de diversas experiências nas quais conhecimentos historicamente elaborados são elementos mediadores do desenvolvimento infantil. Conforme tais conhecimentos são repensados e reconstruídos pela criança, ela trabalha novas funções psicológicas e novas visões de mundo e de si mesma.

Essas metas integram-se à concepção de que a creche e a pré-escola devem atender às necessidades infantis de desenvolvimento e, ao mesmo tempo, em uma atmosfera de gestão coletiva, superar o modelo individualista presente em nossa sociedade. A criança, na interação com parceiros diversos, busca construir sua identidade dentro de um clima de segurança, exploração e autonomia. Não é mera receptora de imagens elaboradas pela sociedade de consumo, mas alguém que se pergunta sobre o mundo, alimentando sua autoestima. Isso exige um ambiente aberto à exploração do lúdico, em que os tempos escolares sejam adaptados aos ritmos de aprendizagem.

Assim, a definição de uma proposta pedagógica deve considerar a importância dos aspectos socioemocionais na aprendizagem e a criação de um ambiente interacional rico de situações que provoquem a atividade infantil, a descoberta, o envolvimento em brincadeiras e explorações com companheiros. Deve priorizar o desenvolvimento da imaginação, do raciocínio e da linguagem, como instrumentos básicos para a criança se apropriar de conhecimentos elaborados em seu meio social, buscando explicações sobre o que ocorre à sua volta e consigo mesma.

Além de ter suas necessidades básicas reconhecidas como legítimas e atendidas, recebendo cuidados de saúde e higiene, a criança deve participar de uma programação adequada de atividades. Em um clima de segurança e de liberdade, ela pode internalizar regras de comportamento e as formas de organização incluídas nas atividades propostas — como, por exemplo, os procedimentos básicos ensinados, as regras para ocupação do espaço e para uso e guarda de materiais. Para tanto, compete ao professor criar oportunidades para experiências e aprendizagens, apoiando determinadas atividades e restringindo outras.

Cabe, pois, ao professor, com seu olhar atento, seguro e disponível, acompanhar as diferentes formas pelas quais a criança, desde o nascimento, se indaga sobre o mundo e sobre si mesma, trilha diversos universos simbólicos, transita entre a cultura erudita e a cultura popular, imerge em situações diversas e emociona-se com o belo e contra a violência, ao mesmo tempo em que vibra com descobertas e reconhece obstáculos.

Para ele, a formação das novas gerações não significa o adestramento de pequenos selvagens por meio de um trabalho em linhas de montagem nem a clonagem simbólica de seres humanos. A criança não é, nessa perspectiva, um dependente do seu universo simbólico, daquilo que ele lhe impõe como o certo, como a verdade, como formas de ação a serem imitadas, ignorando o divergente e a contradição.

Dessa forma, a organização curricular abre mão de um ambiente de silêncio e obediência e concretiza situações nas quais as crianças se mostram exploradoras e são reconhecidas como interlocutoras inteligentes que constroem argumentos no confronto com situações estimulantes. Isso envolve respeitar ritmos, desejos e características do pensamento infantil.

O importante é garantir a diversidade e a igualdade de oportunidades, o acolhimento a muitas formas de trabalho mais do que a um único modelo de desempenho com o qual todos os outros são comparados, o reconhecimento de uma pluralidade de significados e valores continuamente confrontados nas situações, dentro de uma atmosfera afetiva de estabelecimento de relações diversificadas, na qual a aceitação de cada singularidade seja objeto de atenção.

2. Educação para a cidadania e para o convívio com diferenças

O que hoje pode ser erigido como marco maior de todo o processo de Educação Infantil é o trabalho de formação para a cidadania. Ser cidadão significa ser tratado com urbanidade e aprender a fazer o mesmo em relação às demais pessoas, ter acesso a formas mais interessantes de conhecer e aprender a enriquecer-se com a troca de experiências com outros indivíduos.

Isso implica tomar consciência de problemas coletivos e relacionar a experiência da própria comunidade com o que ocorre em outros contextos. A educação para a cidadania inclui aprender a tomar a perspectiva do outro — da mãe, do pai, do professor de Educação Infantil, de outra criança, de quem perdeu a mãe, de quem tem o pai muito doente ou preso na penitenciária — e ter consciência dos direitos e deveres próprios e alheios. As crianças podem conversar sobre esses aspectos ou refletir sobre eles com base, por exemplo, em enredos criados no faz de conta.

Educar para a cidadania envolve a formação de atitudes de solidariedade para com os outros, particularmente com aqueles em dificuldade de superação de atitudes egoístas; implica fazer gestos de cortesia, preservar o coletivo, responsabilizar-se pelas próprias ações e discutir aspectos éticos envolvidos em determinada situação. Inclui, para cada criança, poder se expressar e respeitar a expressão do outro em relação a sentimentos, ideias, costumes, preferências, ser aceita em suas características físicas e morais, receber demonstração de interesse quando não comparece à creche ou pré-escola, demonstrar interesse em saber as razões da ausência de outra criança e criar formas não violentas de solução de conflitos.

A situação educativa torna-se com isso o ambiente ideal para o cultivo da tolerância, do combate a preconceitos, do aprendizado com base nas diferenças. Para tanto, uma educação para a cidadania pode promover a realização de assembleias em que as crianças escolham e depois avaliem seus projetos de trabalho, que podem, por sua vez, incluir atividades de preservação ambiental e reciclagem de materiais, entre outras. Ademais, envolve aprender, em cada situação, a dar respostas mais adequadas à formação de atitudes éticas.

O direito de gozar plenamente a infância e o de construir-se como cidadão devem ser somados ao direito das crianças com necessidades educativas especiais de serem incluídas no sistema de ensino — o que, sem dúvida, ainda é um tópico polêmico para muitos. Daí a importância de trabalhar com as equipes das creches e pré-escolas novas concepções acerca da pessoa portadora de deficiência, combatendo preconceitos e desenvolvendo novas atitudes.

Para o conjunto das crianças de creches e pré-escolas, a possibilidade de interagir e partilhar experiências com crianças com necessidades educativas especiais será oportunidade valiosa para ampliar a noção de amizade, a compreensão, a aceitação e a valorização das diferenças entre as pessoas. Essa meta de promoção do desenvolvimento psicológico no interior do clima de convivência democrática tem-se mostrado marcante nas propostas mais avançadas de Educação Infantil neste início de século, elaboradas em sociedades diversas, com suas possibilidades e contradições.

Para saber mais

EDWARDS, Caroline; GANDINI, Lella; FORMAN, George. *As cem linguagens da criança*: a abordagem de Reggio Emilia na educação da primeira infância. Porto Alegre: Artes Médicas, 1999.

GAGNEBIN, Jeanne Marie. *Sete aulas sobre linguagem, memória e história*. Rio de Janeiro: Imago, 1997.

MACHADO, Maria Lúcia. *A pré-escola é não é escola*: a busca de um caminho. Rio de Janeiro, Paz e Terra, 1991.

OLIVEIRA, Zilma Ramos de (Org.). *A criança e seu desenvolvimento*: perspectivas para se discutir a Educação Infantil. São Paulo: Cortez, 1995.

Sugestão de atividade

Que tal discutir as metas e os objetivos expostos e construir um quadro em que seja apresentada a sua visão e a de seus colegas do que seria uma "escola da infância"?

III

Os primeiros passos na construção das ideias e práticas de Educação Infantil

O delineamento da história da Educação Infantil por pesquisadores de muitos países tem evidenciado que a concepção de infância é uma construção histórica e social, coexistindo em um mesmo momento múltiplas ideias de criança e de desenvolvimento infantil. Essas ideias, perpassadas por quadros ideológicos em debate a cada momento, constituem importante mediador das práticas educacionais com crianças de zero a cinco anos de idade na família e fora dela.

No que se refere à educação da criança pequena em creches e pré-escolas, práticas educativas e conceitos básicos foram sendo constituídos com base em situações sociais concretas que, por sua vez, geraram regulamentações e leis como parte de políticas públicas historicamente elaboradas. Concepções, muitas vezes antagônicas, defendidas na Educação Infantil têm raízes em momentos históricos diversos e são postas em prática hoje sem considerar o contexto de sua produção.

No momento da consolidação da Educação Infantil como um direito da criança, conhecer a história das instituições e das políticas públicas na área, traçada dentro das demais lutas sociais, pode apontar-nos novos caminhos, se soubermos compreender as contradições em meio às quais elas foram gestadas.

1. Lar, "doce" lar

Ao longo de muitos séculos, o cuidado e a educação das crianças pequenas foram entendidos como tarefas de responsabilidade familiar, particularmente da mãe e de outras mulheres. Logo após o desmame, a criança pequena era vista como pequeno adulto e, quando atravessava o período de dependência de outros para ter atendidas suas necessidades físicas, passava a ajudar os adultos nas atividades cotidianas, em que aprendia o básico para sua integração no meio social. Nas classes sociais mais privilegiadas, as crianças eram geralmente vistas como objeto divino, misterioso, cuja transformação em adulto também se fazia pela direta imersão no ambiente doméstico. Nesses casos, paparicos superficiais eram reservados à criança, mas sem considerar a existência de uma identidade pessoal.

O recorte em favor da família como a matriz educativa preferencial aparece também nas denominações das instituições de guarda e educação da primeira infância. O termo francês *crèche* equivale a manjedoura, presépio. O termo italiano *asilo nido* indica um ninho que abriga. "Escola materna" foi outra designação usada para referir-se ao atendimento de guarda e educação fora da família a crianças pequenas.

Não obstante o predomínio quase exclusivo do contexto doméstico para a educação da criança pequena, arranjos alternativos para prestar esse cuidado àquelas em situação desfavorável foram sendo culturalmente construídos ao longo da história. Tais arranjos envolveram desde o uso de redes de parentesco, nas sociedades primitivas, ou de "mães mercenárias", já na Idade Antiga, até a criação de "rodas" — cilindros ocos de madeira, giratórios, construídos em muros de igrejas ou hospitais de caridade que permitiam que bebês fossem neles deixados sem que a identidade de quem os trazia precisasse ser identificada —para recolhimento dos "expostos" ou a deposição de crianças abandonadas em "lares substitutos", já na Idade Média e Moderna. A responsabilidade por esse recolhimento ficava a cargo de entidades religiosas, que procuravam fazer com que os enjeitados fossem conduzidos a um ofício, quando crescessem.

As ideias de abandono, pobreza, culpa, favor e caridade impregnam, assim, as formas precárias de atendimento a menores nesse período e por muito tempo vão permear determinadas concepções acerca do que é uma instituição que cuida da Educação Infantil, acentuando o lado negativo do atendimento fora da família.

2. Pioneiros da Educação Infantil

Nos séculos XV e XVI, novos modelos educacionais foram criados para responder aos desafios estabelecidos pela maneira como a sociedade europeia então se desenvolvia. O desenvolvimento científico, a expansão comercial e as atividades artísticas ocorridas no período do Renascimento estimularam o surgimento de novas visões sobre a criança e sobre como ela deveria ser educada. Autores como Erasmo (1465-1530) e Montaigne (1483-1553) sustentavam que a educação deveria respeitar a natureza infantil, estimular a atividade da criança e associar o jogo à aprendizagem.

Por outro lado, a transformação, nos países europeus, de uma sociedade agrário-mercantil em urbano-manufatureira gerava conflitos e guerras frequentes entre as nações, com a consequente produção de condições sociais adversas, particularmente para o segmento infantil da população, já que muitas crianças eram vítimas de pobreza, abandono e maus-tratos. Em resposta a essa situação, foram-se organizando serviços de atendimento, coordenados por mulheres da comunidade, a crianças pequenas abandonadas por suas famílias ou cujos pais trabalhavam em fábricas, fundições e minas originadas da Revolução Industrial, que se implantava na Europa ocidental.

Gradativamente, surgiram arranjos mais formais para atendimento de crianças fora da família em instituições de caráter filantrópico especialmente delineadas para esse objetivo e que organizavam as condições para o desenvolvimento infantil segundo a forma como o destino social da criança atendida era pensado. Crianças pobres de zero ou três anos eram incluídas nas *charity schools* ou *dame schools* ou *écoles petites* então criadas na Inglaterra, França e outros países europeus, segundo o ideário dos movimentos religiosos da época. Não tinham uma proposta instrucional formal, embora logo passassem a adotar atividades de canto, de memorização de rezas ou passagens bíblicas e alguns exercícios do que poderia ser uma pré-escrita ou pré-leitura. Tais atividades voltavam-se para o desenvolvimento de bons hábitos de comportamento, a internalização de regras morais e de valores religiosos, além da promoção de rudimentos de instrução.

Aqueles pioneiros acreditavam que, como as crianças nasciam sob o pecado, cabia à família e, na falta dela, à sociedade corrigi-las desde pequenas. Eles defendiam um rigoroso planejamento do tempo nas escolas, mesmo nas que atendiam crianças pequenas, gerando uma rotina de atividades a ser observada diariamente e fundada na ideia de autodisciplina. Em outras escolas, leitura e escrita eram ensinadas a partir dos seis anos, embora ainda dentro de um objetivo de ensino religioso. Exemplo disso eram as "escolas de tricô" (*knitting schools*) criadas pelo pastor protestante Oberlin na região da Alsácia francesa, no final da segunda metade do século XVIII, onde mulheres da comunidade tomavam conta de grupos de crianças pobres pequenas e ensinavam a ler Bíblia e a tricotar.

Outras iniciativas levaram à criação de instituições para atender crianças acima de três anos, filhos de mulheres operárias. Eram os asilos e as *infant schools*, assim como as *nursery schools*, surgidas em Londres com a preocupação de combater as péssimas condições de saúde das crianças dos grupos desfavorecidos daquela cidade. Enquanto isso, embora em escala muito reduzida, há registro de crianças de três anos frequentando classes iniciais da escola obrigatória.

O básico, todavia, para os filhos dos operários era o ensino da obediência, da moralidade, da devoção e do valor do trabalho, sendo comuns propostas de atividades realizadas em grandes turmas, muitas delas com cerca de duzentas crianças. Nas salas de asilo parisienses, que foram logo disseminadas pela Europa e chegavam até a Rússia, era frequente que grupos de até cem crianças obedecessem a comandos dos adultos dados por apitos. Em que pese todo esse quadro, a favor dos pioneiros da Educação Infantil pode-se dizer que contribuíram para diminuir os índices de mortalidade entre as crianças.

3. A construção de concepções teóricas sobre a educação da infância

Uma nova etapa de construção da ideia de Educação Infantil na Europa iniciou-se na fase avançada da Idade Moderna, com o crescimento da urbanização e a transformação da família patriarcal em nuclear. A Revolução Industrial então em curso — possibilitada pelo acúmulo de capital originado da exploração de novos continentes por europeus e dos grandes conhecimentos científicos então angariados — iniciou um processo de expropriação de antigos saberes dos trabalhadores, o que modificou as condições e exigências educacionais das novas gerações.

Além disso, o pragmatismo tecnicista e o desenvolvimento científico decorrentes da expansão comercial vivida naquele período na Europa ocidental geraram condições para a formulação de um pensamento pedagógico para a era moderna. A discussão sobre a escolaridade obrigatória, que se intensificou em vários países europeus nos séculos XVIII e XIX, enfatizou a importância da educação para o desenvolvimento social. Nesse momento, a criança passou a ser o centro do interesse educativo dos adultos: começou a ser vista como sujeito de necessidades e objeto de expectativas e cuidados, situada em um período de preparação para o ingresso no mundo dos adultos, o que tornava a escola (pelo menos para os que podiam frequentá-la) um instrumento fundamental.

O mesmo não acontecia em relação às crianças dos extratos sociais mais pobres. Os objetivos de sua educação e as formas de efetivá-los não eram consensuais. Alguns setores das elites políticas dos países europeus sustentavam que não seria correto para a sociedade como um todo que se educassem as crianças pobres, para as quais era proposto apenas o aprendizado de uma ocupação e da piedade. Opondo-se a eles, alguns reformadores protestantes defendiam a educação como um direito universal.

Esse clima influiu no trabalho dos pioneiros da educação pré-escolar, que buscavam descobrir como conciliar novas formas disciplinadoras da criança que eliminassem as punições físicas, até então de uso corrente. A questão do "como ensinar" adquiriu com isso proporções significativas. As ideias desses precursores delinearam novas perspectivas para a educação de crianças pequenas.

Autores como Comênio, Rousseau, Pestalozzi, Decroly, Froebel e Montessori, entre outros, estabeleceram as bases para um sistema de ensino mais centrado na criança. Muitos deles achavam-se compromissados com questões sociais relativas a crianças que vivenciavam situações sociais críticas (órfãos de guerra, pobreza) e cuidaram de elaborar propostas de atividades em instituições escolares que compensassem eventuais problemas de desenvolvimento. Embora com ênfases diferentes entre si, as propostas de ensino desses autores reconheciam que as crianças tinham necessidades próprias e características diversas das dos adultos, como o interesse pela exploração de objetos e pelo jogo.

4. Um olhar sobre as novas propostas educacionais

O exame de textos básicos sobre educação escritos por filósofos nos revela que, desde a Antiguidade, havia quem defendesse a ideia da atividade do próprio aluno como propulsora de seu crescimento intelectual (como Sócrates, Santo Agostinho, Montaigne) e o valor da brincadeira na aprendizagem (já destacado por Platão em *A República*). O que aparece de novo, a partir do século XVIII, é o fortalecimento dessas ideias, que se contrapunham ao que então era pensado ser o processo escolar básico.

Educar crianças menores de seis anos de diferentes condições sociais já era uma questão tratada por COMÊNIO (1592-1670), educador e bispo protestante tcheco. Em seu livro *A escola da infância*, publicado em

1628, afirmava que o nível inicial de ensino era o "colo da mãe" e deveria ocorrer dentro dos lares. Em 1637 elaborou um plano de escola maternal em que recomendava o uso de materiais audiovisuais, como livros de imagens, para educar crianças pequenas.

Afiançava ele que o cultivo dos sentidos e da imaginação precedia o desenvolvimento do lado racional da criança. Impressões sensoriais advindas da experiência com manuseio de objetos seriam internalizadas e futuramente interpretadas pela razão. Também a exploração do mundo no brincar era vista como uma forma de educação pelos sentidos. Daí sua defesa de uma programação bem elaborada, com bons recursos materiais e boa racionalização do tempo e do espaço escolar, como garantia da boa "arte de ensinar", e da ideia de que fosse dada à criança a oportunidade de aprender coisas dentro de um campo abrangente de conhecimentos. Materiais pedagógicos (quadros, modelos etc.) e atividades diferentes (passeios etc.), realizadas com as crianças de acordo com suas idades, as auxiliariam a desenvolver aprendizagens abstratas, estimulando sua comunicação oral. Já em 1657 Comênio usou a imagem de "jardim de infância" (onde "arvorezinhas plantadas" seriam regadas) como o lugar da educação das crianças pequenas.

Em oposição ao ideário da Reforma e da Contrarreforma religiosas então em curso na Europa, o filósofo genebrino Jean Jacques ROUSSEAU (1712-1778) criou uma proposta educacional em que combatia preconceitos, autoritarismos e todas as instituições sociais que violentassem a liberdade característica da natureza. Ele se opunha à prática familiar vigente de delegar a educação dos filhos a preceptores, para que estes os tratassem com severidade, e destacava o papel da mãe como educadora natural da criança.

Rousseau revolucionou a educação de seu tempo ao afirmar que a infância não era apenas uma via de acesso, um período de preparação para a vida adulta, mas tinha valor em si mesma. Caberia ao professor afastar tudo o que pudesse impedir a criança de viver plenamente sua condição. Em vez do disciplinamento exterior, propunha que a educação seguisse a liberdade e o ritmo da natureza, contrariando os dogmas religiosos da época, que preconizavam o controle dos infantes pelos adultos.

Defendia uma educação não orientada pelos adultos, mas que fosse resultado do livre exercício das capacidades infantis e enfatizasse não o que a criança tem permissão para saber, mas o que é capaz de saber. Em oposição aos enciclopedistas, que eram tomados como fonte de orientação para os que priorizavam o aprendizado de livros, ressaltava que a criança deveria aprender por meio da experiência, de atividades práticas, da observação, da livre movimentação, de formas diferentes de contato com a realidade. Ao destacar a emoção sobre a razão e defender a curiosidade e a liberdade buscadas pelo homem, criou condições para posteriores discussões sobre a brincadeira infantil.

As ideias de Rousseau abriram caminho para as concepções educacionais do suíço PESTALOZZI (1746-1827), que também reagiu contra o intelectualismo excessivo da educação tradicional. Considerava ele que a força vital da educação estaria na bondade e no amor, tal como na família, e sustentava que a educação deveria cuidar do desenvolvimento afetivo das crianças desde o nascimento. Educar deveria ocorrer em um ambiente o mais natural possível, num clima de disciplina estrita, mas amorosa, e pôr em ação o que a criança já possui dentro de si, contribuindo para o desenvolvimento do caráter infantil. Pestalozzi destacou ainda o valor educativo do trabalho manual e a importância de a criança desenvolver destreza prática.

Também se preocupou com a ideia de que a educação deveria ser metodicamente ordenada para os sentidos: a percepção da criança seria educada pela intuição e o ensino deveria priorizar coisas, não palavras. Adaptou métodos de ensino ao nível de desenvolvimento dos alunos por intermédio de atividades de música, arte, soletração, geografia e aritmética, além de muitas outras de linguagem oral e de contato com a natureza. Levou adiante a ideia de prontidão, já presente em Rousseau, e de organização graduada do conhecimento, do mais simples ao mais complexo, que já aparecia em Comênio. Sua pedagogia enfatizava ainda a necessidade de a escola treinar a vontade e desenvolver as atitudes morais dos alunos.

Suas ideias de liberdade e de espiritualidade influenciaram, entre outros, o empresário escocês Robert Owen, cuja crença era de que a educação prepararia os homens para viverem em uma sociedade socialista. Ele criou, em 1816, em New Lanack, Escócia, uma creche para os filhos dos seus operários na qual aboliu castigos e prêmios, atividades de memorização e livros. Suas ideias tiveram impacto na realidade europeia e norte-americana, abrindo caminho para várias iniciativas de integrar cuidado e educação de crianças pequenas em instituições extrafamiliares.

Em 1828, o padre Ferrante Aporti criou o primeiro asilo infantil italiano, em Cremona, inicialmente para crianças das famílias mais abastadas, em oposição às salas de custódia então existentes em algumas instituições para atendimento das crianças mais pobres. Aporti asseverava que a primeira infância deveria ser instruída, e não apenas protegida: assim, propôs atividades de ensino religioso, trabalhos manuais, rudimentos de leitura, escrita e contagem. Posteriormente, difundiu as escolas infantis por toda a Itália, apoiado por católicos mais progressistas, no que foi combatido por religiosos conservadores, preocupados em manter a concepção tradicional da família como a responsável pela educação dos filhos.

As ideias de Pestalozzi foram levadas adiante por FROEBEL (1782-1852), educador alemão, no quadro das novas influências teóricas e ideológicas de seu tempo — liberalismo e nacionalismo —, marcado pelas lutas napoleônicas. Influenciado por uma perspectiva mística, uma filosofia espiritualista e um ideal político de liberdade, criou em 1837 um *kindergarten* ("jardim de infância"), onde crianças e adolescentes — pequenas sementes que, adubadas e expostas a condições favoráveis em seu meio ambiente, desabrochariam sua divindade interior em um clima de amor, simpatia e encorajamento — estariam livres para aprender sobre si mesmos e sobre o mundo. Este era concebido como um todo em que cada pessoa seria ao mesmo tempo uma unidade e uma parte dele. Os jardins de infância divergiam tanto das casas assistenciais existentes na época, por incluírem uma dimensão pedagógica, quanto da escola, que demonstrava ter, segundo o autor, constante preocupação com a moldagem das crianças, praticada de uma perspectiva exterior.

O modo básico de funcionamento de sua proposta educacional incluía atividades de cooperação e o jogo, entendidos como a origem da atividade mental. Froebel partia também da intuição e da ideia de espontaneidade infantil, preconizando uma autoeducação da criança pelo jogo, por suas vantagens intelectuais e morais, além de seu valor no desenvolvimento físico. Elaborou canções e jogos para educar sensações e emoções, enfatizou o valor educativo da atividade manual, confeccionou brinquedos para a aprendizagem da aritmética e da geometria, além de propor que as atividades educativas incluíssem conversas e poesias e o cultivo da horta pelas crianças. O manuseio de objetos e a participação em atividades diversas de livre expressão por meio da música, de gestos, de construções com papel, argila e blocos ou da linguagem possibilitariam que o mundo interno da criança se exteriorizasse, a fim de que ela pudesse, então, ver-se objetivamente e modificar-se, observando, descobrindo e encontrando soluções.

Os recursos pedagógicos, básicos neste modelo, eram divididos em dois grupos: as prendas ou dons e as ocupações. As prendas eram materiais que não mudavam de forma — cubos, cilindros, bastões e lápides — e que, usados em brincadeiras, possibilitariam à criança fazer construções variadas e formar um sentido da realidade e um respeito à natureza. Já as ocupações consistiam em materiais que se modificavam com o uso — tais como argila, areia e papel —, usados em atividades de modelagem, recorte, dobradura, alinhavo em cartões com diferentes figuras desenhadas, enfiar contas em colar e outras que buscariam estimular a iniciativa da criança no desenvolvimento de atividades formativas pessoais. Canções completariam essa lista de materiais e atividades. As prendas e as ocupações se articulariam pela mediação da educadora na formação da livre expressão infantil, ou seja, daquilo que Froebel, dentro de seu quadro ideológico, chamou de "atividades maternas".

A ênfase posta por ele na liberdade da criança, espelhando movimentos liberais em curso na Europa, passou a ser vista como ameaçadora ao poder político alemão, o que levou o autoritarismo governamental da época a fechar os jardins de infância do país por volta de 1851.

As sementes da renovação educacional pensada por Froebel, proibida na Alemanha, encontraram solo fértil em outros países. Em 1848, um casal alemão discípulo dele e refugiado na Inglaterra fundou o primeiro jardim de infância inglês. De forma semelhante, um casal de refugiados alemães que haviam conhecido o seu trabalho na Alemanha criou, em 1858, o primeiro jardim de infância em solo americano, embora nele fosse utilizado o idioma alemão. Dois anos depois, em 1860, a educadora norte-americana Elizabeth Peabody instituiu o primeiro jardim de infância de língua inglesa em Boston. Mais tarde, em 1894, as irmãs Agazzi, influenciadas por Froebel, organizaram um método de ensino para ser usado em escolas mais pobres na Itália. Na mesma época, algumas experiências educacionais para crianças pequenas foram realizadas no Brasil e em outros países da América Latina, sob a influência das ideias do educador alemão.

A apropriação das teorias desses autores pelas instituições de Educação Infantil envolveu um longo processo. Seus modelos pedagógicos, inicialmente voltados para atender populações socialmente desfavorecidas, gradativamente foram sendo utilizados para orientar escolas e outras instituições que atendiam os filhos de alguns segmentos da classe média e alta de vários países. Muito contribuiu para isso a modificação dos princípios advogados para a educação fundamental, que passaram a admitir a importância da observação e da pesquisa científica do desenvolvimento infantil, além da elaboração de material educativo a ser usado livremente pelas crianças.

Ademais, no final do século XIX, um conjunto de atores sociais passou a disputar espaço e a confrontar concepções sobre a educação anterior ao ensino obrigatório: entidades filantrópicas, pessoas das camadas dominantes com interesses beneméritos, setores governamentais e empresários. Regulamentações sucessivas, embora por vezes conflitantes, foram criadas para orientar a educação pré-escolar em países da Europa ocidental. Todavia, elas não eram efetivadas, observando-se uma "impermeabilidade" da realidade educativa, particularmente no que se refere às crianças das camadas populares.

Para saber mais

ARIÈS, Philipe. *História social da criança e da família.* Rio de Janeiro: Zahar, 1981.

COMÊNIO, João Amos. *Didática magna.* Rio de Janeiro: Simões, 1954.

INCONTRI, Dora. *Pestalozzi*: educação e ética. São Paulo: Scipione, 1997.

LARROYO, Francisco. *História geral da pedagogia.* São Paulo: Mestre Jou, 1954. tomo II.

NICOLAU, Marieta Lúcia Machado. *A educação pré-escolar*: fundamentos e didática. São Paulo: Ática, 1989.

ROUSSEAU, Jean-Jacques. *Emílio ou da educação.* São Paulo: Difusão Europeia do Livro, 1968.

Sugestão de atividade

Selecione um dos autores mencionados no capítulo e procure saber mais sobre ele, pesquisando em uma biblioteca ou na internet. Em sua opinião, qual contribuição ele teria hoje para oferecer à Educação Infantil?

IV

A Educação Infantil europeia no século XX

O século XX começou com diversos passos dados em direção à consolidação do estudo científico da criança. O psicólogo francês Alfred Binet defendeu, em 1898, a ideia de "pedagogia experimental" e deu início à elaboração de escalas e testes de avaliação das funções psicológicas, os quais iriam exercer grande influência nas futuras gerações de educadores.

Médicos e outros sanitaristas, por sua vez, fizeram-se cada vez mais presentes na orientação do atendimento dispensado a crianças em instituições fora da família. No período que se seguiu à Primeira Guerra Mundial, por exemplo, com o aumento do número de órfãos e a deterioração ambiental, as funções de hospitalidade e de higiene exercidas pelas instituições que cuidavam da Educação Infantil se destacaram. Programas de atendimento a crianças pequenas para diminuir a mortalidade infantil passaram a conviver com programas de estimulação precoce nos lares e em creches orientados por especialistas da área de saúde.

A sistematização de atividades para crianças pequenas com o uso de materiais especialmente confeccionados foi realizada por dois médicos interessados pela educação: Ovídio Decroly e Maria Montessori.

DECROLY (1871-1932), médico belga, trabalhando com crianças excepcionais, elaborou, em 1901, uma metodologia de ensino que propunha atividades didáticas baseadas na ideia de totalidade do funcionamento psicológico e no interesse da criança, adequadas ao sincretismo que ele julgava ser próprio do pensamento infantil. Ao contrário dos sensualistas que o precederam, ou seja, dos que acentuavam a importância de um trabalho com as sensações, Decroly defendia um ensino voltado para o intelecto. Propunha que a criança fosse posta diante de um objeto concreto em toda a sua complexidade e a partir daí o analisasse e fizesse uma síntese, que deveria expressar por meio de uma obra pessoal. Preocupava-se com o domínio de conteúdos pela criança, mas via a possibilidade de encadeá-los em rede, organizados ao redor de centros de interesse em vez de serem voltados para as disciplinas tradicionais. Nos centros de interesse, o trabalho se estruturaria segundo três eixos: observação, associação e expressão. Decroly é conhecido ainda por defender rigorosa observação dos alunos a fim de poder classificá-los e distribuí-los em turmas homogêneas.

O nome da médica psiquiatra italiana Maria MONTESSORI (1879-1952) inclui-se também na lista dos principais construtores de propostas sistematizadas para a Educação Infantil no século XX. Tendo sido encarregada da seção de crianças com deficiência mental em uma clínica psiquiátrica de Roma, produziu uma metodologia de ensino com base nos estudos dos médicos Itard e Sègun, que haviam proposto o uso de materiais apropriados como recursos educacionais. Em 1907, foi convidada a organizar uma sala para educação de crianças sem deficiências dentro de uma habitação coletiva destinada a famílias dos setores populares, experiência que denominou "Casa das Crianças".

Montessori propunha uma pedagogia científica da criança, ao mesmo tempo que, opondo-se a concepções que considerava materialistas, via com interesse uma educação que se ocupasse com o desenvolvimento da espiritualidade. Ao contrário de Rousseau, que defendia a autoeducação, Montessori não aceitava a natureza como o ambiente apropriado para o desenvolvimento infantil. Antes, era a favor da criação de um contexto que fosse adequado às possibilidades de cada criança e estimulasse seu desenvolvimento, particularmente nos "momentos sensíveis" deste. Nesse contexto, a criança era disciplinada pela tarefa que a ocupava. Ao educador caberia uma atitude discreta de preparação do ambiente e de observação das iniciativas infantis. Ele atuaria como um cenógrafo e uma figura de referência e proporcionaria à criança um contexto no qual seus impulsos interiores se transformariam em atividade própria.

Ressaltando o aspecto biológico do crescimento e desenvolvimento infantil, Montessori teve como marca distintiva a elaboração de materiais adequados à exploração sensorial pelas crianças e específicos ao alcance de cada objetivo educacional. Seu material didático buscava fazer um detalhamento rigoroso do conteúdo a ser trabalhado com as crianças e previa exercícios destinados a desenvolver, passo a passo, as diversas funções psicológicas.

Sua proposta desviava a atenção do comportamento de brincar para o material estruturador da atividade própria da criança: o brinquedo. Montessori criou instrumentos especialmente elaborados para a educação motora (ligados sobretudo à tarefa de cuidado pessoal) e para a educação dos sentidos e da inteligência — por exemplo, letras móveis, letras recortadas em cartões-lixa para aprendizado de leitura, contadores, como o ábaco, para aprendizado de operações com números. Foi ainda quem valorizou a diminuição do tamanho do mobiliário usado pelas crianças nas pré-escolas e a exigência de diminuir os objetos domésticos cotidianos a serem utilizados para brincar na casinha de boneca.

No início do século XX, não só era dominante essa preocupação de encaminhar as concepções sobre a infância a um estudo mais rigoroso, científico e integrado ao exame das condições de vida da criança em uma sociedade concreta, como também os valores sociais produzidos no embate de problemas políticos e econômicos eram defendidos como metas para a Educação Infantil.

Destacaram-se, na pedagogia e na psicologia, no período seguinte à Primeira Guerra Mundial (quando era proposta a salvação social pela educação), as ideias a respeito da infância como fase de valor positivo e de respeito à natureza. Tais ideias impulsionaram um espírito de renovação escolar que culminou com o Movimento das Escolas Novas. Esse movimento se posicionava contra a concepção de que a escola deveria preparar para a vida com uma visão centrada no adulto, desconhecendo as características do pensamento infantil e os interesses e necessidades próprios da infância. Para ele, a aprendizagem não se faria pela recepção passiva de conteúdos já formulados, mas pela atividade da criança em experimentar, pensar e julgar, especialmente em pequenos grupos.

No campo da psicologia, uma série de autores oferecia novas formas de compreender e promover o desenvolvimento das crianças pequenas. Vygotsky, nas décadas de 1920 e 1930, atestava que a criança é introduzida na cultura por parceiros mais experientes. Ainda na primeira metade do século XX, Wallon destacava o valor da afetividade na diferenciação que cada criança aprende a fazer entre si mesma e os outros. Os psicanalistas reconheciam que o comportamento infantil deveria ser interpretado, e não meramente aceito em seus aspectos observáveis. Finalmente, há que mencionar as pesquisas de Piaget e colaboradores que revolucionaram a ideia dominante sobre a criança. Essas concepções foram sendo gradativamente apropriadas pelas teorias pedagógicas e tornaram-se alvo de especial atenção na Educação Infantil.

Novos protagonistas destacaram-se ainda na primeira metade do século XX. Célestin FREINET (1896-1966) foi um dos educadores que renovaram as práticas pedagógicas de seu tempo. Para ele, a educação que a escola dava às crianças deveria extrapolar os limites da sala de aula e integrar-se às experiências por elas vividas em seu meio social. Deveria favorecer ao máximo a autoexpressão e sua participação em atividades cooperativas, a qual lhes proporcionaria a oportunidade de envolver-se no trabalho partilhado e em atividades de decisão coletiva, básicos para o desenvolvimento. A seu ver, as atividades manuais e intelectuais permitem a formação de uma disciplina pessoal e a criação do trabalho-jogo, que associa atividade e prazer e é por ele encarado como eixo central de uma escola popular.

A pedagogia de Freinet organiza-se ao redor de uma série de técnicas ou atividades, entre elas as aulas-passeio, o desenho livre, o texto livre, o jornal escolar, a correspondência interescolar, o livro da vida. Inclui ainda oficinas de trabalhos manuais e intelectuais, o ensino por contratos de trabalho, a organização de cooperativas na escola. Apesar de ele não ter trabalhado diretamente com crianças pequenas, sua experiência teve lento, mas marcante impacto sobre as práticas didáticas em creches e pré-escolas em vários países.

Na década de 1950, particularmente, observa-se, no contexto internacional pós-Segunda Guerra Mundial, nova preocupação com a situação social da infância e a ideia da criança como portadora de direitos. Tal destaque aparece expresso na Declaração Universal dos Direitos da Criança, promulgada pela ONU, em 1959, em decorrência da Declaração Universal dos Direitos Humanos, apresentada em 1948.

ONU — Organização das Nações Unidas. Criada em 1945, logo após o término da Segunda Guerra Mundial, tem por objetivo resolver conflitos entre as nações e promover o desenvolvimento mundial.

A expansão dos serviços de Educação Infantil na Europa e nos Estados Unidos foi sendo influenciada cada vez mais por teorias que apontavam o valor da estimulação precoce no desenvolvimento de crianças já a partir do nascimento. A defesa da brincadeira como recurso para o desenvolvimento infantil levou pais de classe média a buscar a organização de *play groups*, algumas horas por semana, para atendimento de seus filhos pequenos, embora ainda dentro da perspectiva tradicional no que se refere ao papel privilegiado da família na educação dos filhos. Tais *play groups*, por sua vez, eram vistos pelos pesquisadores como contextos importantes para a detecção precoce de problemas de saúde física e, principalmente, mental.

Em países como os Estados Unidos, a Educação Infantil combinou períodos de expansão e retraimento, em virtude de posições socialmente defendidas em face da mulher, até recentemente confinada no ambiente doméstico, e em face da brincadeira, opondo-se a métodos mais formais e rígidos de ensino. O grande número de pesquisas sobre o desenvolvimento infantil levou ao estabelecimento de escolas maternais dentro de universidades norte-americanas, sendo consideradas como um laboratório fundamental. Dentro do Movimento das Escolas Novas então atuante nesse país, várias iniciativas para difundir as ideias froebelianas e outros projetos de renovação educacional culminaram com a proposta de currículos por atividades. As posições de Montessori, apesar de terem impressionado positivamente muitos educadores norte-americanos, passaram a ser criticadas por certos grupos, acusadas de somente enfatizarem atividades individuais, não se preocupando com a formação do ser social, e em razão da rigidez com que os exercícios com os materiais eram realizados — em contraposição à ênfase posta por Froebel na liberdade de ação para a criança — e da proposta de um método desatualizado para o ensino da escrita, o alfabético — em detrimento, por exemplo, do método global de Decroly. Apenas a partir de 1960, quando se intensificaram as preocupações norte-americanas com as crianças dos extratos populares, houve um renascimento de escolas montessorianas nos Estados Unidos. Mais tarde, a política de Educação Infantil naquele país, afetada ainda pela pressão em defesa das crianças das camadas socialmente desfavorecidas, abriu caminho para a elaboração do conceito de "privação cultural" e para a proposição de programas de "educação compensatória", sendo o mais famoso deles o denominado "Projeto Head Start".

Alguns novos conceitos foram usados como argumentos para retardar a evolução da Educação Infantil, particularmente no que se refere à educação de bebês fora da família. Um deles foi o conceito de "apego", cunhado pelo psicanalista John Bowlby, que foi convocado pela Organização Mundial de Saúde para analisar a situação, chamada de "privação materna", de muitas crianças na Inglaterra durante a Segunda Guerra Mundial — quando milhões de mulheres foram mobilizadas pelo esforço bélico e separadas de seus filhos, que eram encaminhados para instituições. Segundo Bowlby, a ruptura de laços afetivos entre mãe e criança, provocada pela situação de separação, prejudicaria o desenvolvimento sadio do indivíduo. Assim, quando os movimentos feministas, cada vez mais atuantes no decorrer do século XX, passaram a reivindicar creches para possibilitar igualdade de oportunidades de trabalho para as mães, receberam pouco respaldo dos especialistas em desenvolvimento infantil e em psiquiatria, os quais, apoiados em uma leitura dos trabalhos de Bowlby, se posicionavam contra a precoce separação entre a mãe e a criança.

Já outras descobertas científicas sobre o desenvolvimento infantil — como o construtivismo de Constance Kamii, os trabalhos sobre a psicogênese da língua escrita de Emília Ferreiro, além da contribuição dos estudos com bebês realizados por Trevarthen e Bruner na psicologia e na psicolinguística — vieram na defesa de uma criança ativa e abalaram as práticas familiares e o trabalho realizado em creches e pré-escolas até então existentes, trabalho e práticas ainda impregnados de concepções ideológicas como controle social, preparação para o Ensino Fundamental e ação substituta da família. Os discursos defendidos a partir desses autores salientaram forte valorização das relações interpessoais, da individualidade, do equilíbrio emocional, do aprender a pensar e resolver problemas com autonomia.

Sociólogos e antropólogos também contribuíram para a transformação da maneira como a educação dos pequenos era pensada. Os primeiros apontaram a força da estrutura social na determinação das oportunidades cotidianas das crianças; os segundos destacaram como culturas diferentes elaboravam suas concepções e práticas educativas, abrindo caminho para maior flexibilização e inovação dos modelos de Educação Infantil.

O grande desenvolvimento tecnológico experimentado no século XX provocou outras mudanças nas condições existentes para a educação dos pequenos. A utilização crescente de eletrodomésticos e de alimentos pré-preparados transformou o trabalho das mulheres no lar. Mães com maior qualificação educacional passaram a redefinir cada vez mais suas tarefas em relação à educação dos filhos, adaptando uma quase profissionalização de seu trabalho pedagógico doméstico, particularmente nas famílias dos extratos médios da população de países de capitalismo avançado. Para estas tornou-se grande a preocupação de controlar o ambiente da criança pequena de modo que lhe fosse garantido bom desenvolvimento psicológico, tal como prescrito pelos especialistas no assunto; ademais, toda uma literatura e serviços de ajuda a pais, baseados em preceitos científicos, foram gerados, crescendo a busca por revistas especializadas.

A atual etapa reconhece o direito de toda criança à infância. Trata-a como "sujeito social" ou "ator pedagógico" desde cedo, agente construtor de conhecimentos e sujeito de autodeterminação, ser ativo na busca do conhecimento, da fantasia e da criatividade, que possui grande capacidade cognitiva e de sociabilidade e escolhe com independência seus itinerários de desenvolvimento. A inteligência infantil, sua linguagem e suas formas de representação, via desenhos, modelagens, pinturas, são cada vez mais valorizadas, também pela indústria cultural e de entretenimento, além da publicidade. Os conteúdos escolares tradicionais trabalhados com as crianças são esquadrinhados pelos educadores infantis, para serem objeto de metodologias de ensino preocupadas com a antecipação daquilo que é o "troféu" da escola: o saber. Para as crianças, cada vez mais são produzidos brinquedos educativos e literatura própria.

A primeira infância constitui, assim, um campo mercadológico: brinquedos, roupas, discos, espetáculos, espaços públicos e até pedagogias. Como dizem Chamboredon e Prévot (1986), a escola maternal, no seu todo, torna-se uma espécie de grande brinquedo educativo. Todo esse processo solicitou grandes transformações aos educadores, que tiveram de questionar suas práticas, buscar formação escolar básica e/ou formação profissional especializada.

Situação atual na Europa

Hoje, na Europa, as estruturas, objetivos e práticas de trabalho com as crianças em idade anterior à da escolaridade obrigatória, assim como os critérios de seleção e as formas de treinamento dos educadores, diferem muito de país para país. Alguns pontos, contudo, são comuns. O debate não está mais centrado em *se* deve haver investimento na área de Educação Infantil, mas em *por que* e *para quem* ela existe e *como* organizá-la para oferecer serviços de qualidade.

Os objetivos mais frequentes, que se espera sejam alcançados pelas instituições responsáveis pela Educação Infantil, são o desenvolvimento da criança sob todos os aspectos — corporal, intelectual e afetivo —, a aprendizagem de diferentes meios expressivos e o preparo para a escola elementar. Todavia, a função de guarda continua a ser destacada como um componente das metas do atendimento em questão.

O debate tem ainda girado em torno da polaridade assistência a necessitados *versus* direito de todos. As políticas recentes dos diferentes países — que envolvem o poder público, as famílias, os empregadores, as organizações não governamentais — ou se orientam de modo compensatório, para priorizar as populações socialmente menos favorecidas, ou têm trabalhado pela extensão do atendimento a todas as crianças.

Ênfases comuns têm girado em torno do multiculturalismo como fonte de definição de objetivos para a Educação Infantil — particularmente para atender os filhos das muitas famílias de estrangeiros que têm migrado para os países europeus —, da necessidade de propiciar igualdade de oportunidades aos desfavorecidos socialmente e aos portadores de necessidades especiais e da importância da permanente formação dos educadores.

O acolhimento a crianças pequenas em instituições como creches e pré-escolas varia de país para país. O limite da idade final de atendimento é definido pelo início da escolaridade obrigatória em cada país. Em geral, isso se dá aos seis anos. Na Dinamarca, a escola obrigatória começa aos sete anos, enquanto na Holanda se acolhem crianças já a partir dos cinco anos. As porcentagens de matrícula são mais elevadas para as idades maiores. Para as idades menores, a variabilidade entre os países é grande. Enquanto Bélgica, Dinamarca, Finlândia, França, Islândia, Noruega e Suécia atendem 20% das crianças menores de três anos, outros países acolhem apenas 3% das crianças nessa faixa etária, em média. O financiamento dos serviços de Educação Infantil é variável nos diversos países europeus, envolvendo recursos públicos, das empresas e dos pais, em diferentes proporções.

Em alguns países a pré-escola está ligada à escola primária, embora com modelos diferentes, ora centrados no desenvolvimento infantil, ora na preparação para atividades mais formalizadas. Quando a Educação Infantil tem como foco a transmissão de conhecimentos científicos, como na Bélgica, Grécia e Espanha, os que dela se ocupam são considerados professores de Educação Infantil, sendo-lhes exigido diploma universitário.

A integração ou não dos serviços de creche aos sistemas de ensino é tema de grandes debates. Na França, os serviços de creche, neste início de terceiro milênio, estão ligados ao Ministério do Trabalho. Em poucos países, como, por exemplo, na Espanha, são parte do sistema educacional; em outros, integram programas da área social, e os que se ocupam da educação dos menores de dois anos pertencem aos quadros dos servidores sociais e têm, em geral, um nível mais baixo de formação profissional.

A Educação Infantil, em muitos países e em setores de certos países, integra programas de ajuda social e ao emprego, os quais buscam estimular os pais a serem mais independentes economicamente. A Educação Infantil aparece ainda como parte de programas de aconselhamento a pais sobre como educar suas crianças ou integram programas de educação continuada deles na área de artes, de tecnologia etc., além de programas de alfabetização de adultos.

A preocupação com a avaliação da qualidade do atendimento dispensado em creches e pré-escolas tem levado pesquisadores a questionar os instrumentos utilizados. Alguns defendem e outros atacam o uso de instrumentos produzidos em países mais desenvolvidos visando ao estabelecimento de critérios mínimos de qualidade, particularmente quando são aplicados em países marcados pela penúria e pela insuficiente oferta de acolhimento à primeira infância.

Pondera-se que a questão da qualidade deve incluir a participação de avaliadores locais na explicitação dos valores e concepções mediadoras das práticas pedagógicas, em sua complexidade. Argumenta-se que existem definições pluralistas de qualidade, o que requer a inclusão de diferentes atores na avaliação — familiares, educadores, responsáveis pelas políticas públicas e outros adultos —, com suas expectativas diversas em relação às habilidades que cada criança possui e ao que ela necessita para desenvolver-se plenamente. Busca-se, assim, individualizar a qualidade segundo diferentes critérios, adequados às realidades dos diversos países.

A avaliação dessa qualidade e de seus efeitos no desenvolvimento das crianças, no entanto, tem sido de alguma forma realizada. Pesquisas em diferentes países, particularmente na Europa ocidental e nos Estados Unidos, mas também no Japão, na Coreia, na Nova Zelândia etc. (OCDE, 1999), revelam que o fato de a criança frequentar uma instituição de Educação Infantil amplia suas condições de desenvolvimento cognitivo, físico, afetivo e de socialização, embora essa vantagem se torne menos visível com o decorrer do tempo. Elas reconhecem também que tanto a qualidade dos serviços oferecidos como o fato de a criança participar de um ambiente familiar estável e atento são fatores importantes no desenvolvimento.

As crianças pequenas que se beneficiam de um serviço de qualidade tendem a desenvolver mais o raciocínio e a capacidade de solução de problemas, a ser mais cooperativas e atentas aos outros e a adquirir maior confiança em si. Grande parte desses efeitos positivos persistem e contribuem para suscitar-lhes uma atitude positiva com relação à aprendizagem escolar e favorecê-las com o sucesso em seus estudos posteriores.

Acompanhar a história da Educação Infantil na Europa permitiu-nos captar o caráter político desse atendimento, que difere segundo a classe social das crianças, a evolução dos níveis educacionais em cada país, as concepções sobre o processo de desenvolvimento infantil e sobre o papel da família, da comunidade, da instituição educacional e do poder público na educação de meninos e meninas até seis anos. Se, em certos momentos, buscaram-se soluções mais assistenciais para atender as mais pobres, em outros, ricas experiências baseadas em brincadeiras foram criadas e disseminadas — como o "jardim de infância" froebeliano —, embora acolhessem predominantemente crianças de grupos sociais privilegiados. Algumas das características desse quadro também aparecem na construção da Educação Infantil em nosso país, tal como veremos no próximo capítulo.

Para saber mais

BOWLBY, John. *Apego*. São Paulo: Martins Fontes, 1984.

CHAMBOREDON, Jean Claude & PRÉVOT, Jean. O "ofício de criança": definição social da primeira infância e funções diferenciadas da escola maternal. *Cadernos de Pesquisa*, São Paulo, nº 59, p. 32-56, nov. 1986.

FERREIRO, Emília. *Alfabetização em processo*. 11. ed. São Paulo: Cortez, 1996.

KAMII, Constance. *Jogos em grupo na Educação Infantil*: implicações da teoria de Piaget. São Paulo: Trajetória Cultural, 1991.

LAWRENCE, Elizabeth S. *As origens e a evolução da educação moderna*. Lisboa: Ulisseia, s.d.

MONACORDA, Mario Aliguiero. *História da educação da antiguidade aos nossos dias*. 2. ed. São Paulo: Cortez Autores Associados, 1989.

OCDE. *Analyse des politiques d'éducation*. Paris, 1999.

ROSEMBERG, Fúlvia; CAMPOS, Maria Malta (Org.). *Creches e pré-escolas no hemisfério norte*. São Paulo: Fundação Carlos Chagas: Cortez, 1994.

Sugestão de atividade

Que tal, após debater com seus colegas o conteúdo deste capítulo, fazer o roteiro de um vídeo ou uma representação teatral, em que vocês possam apontar alguns pontos importantes, polêmicos ou ambíguos da forma como hoje se dá a educação de crianças pequenas? Pode-se pensar em incluir personagens-narradores ou comentaristas que expressariam seus pontos de vista mais técnicos, atuando como se fossem Montessori, Piaget, um sociólogo, um psicanalista etc.

V

Os primeiros passos da história da Educação Infantil no Brasil

A história da Educação Infantil em nosso país tem, de certa forma, acompanhado a história dessa área no mundo ocidental, havendo, é claro, características que lhe são próprias. Até meados do século XIX, o atendimento de crianças pequenas longe da mãe em instituições como creches ou parques infantis praticamente não existia no Brasil. No meio rural, onde residia a maior parte da população do país na época, famílias de fazendeiros assumiam o cuidado das inúmeras crianças órfãs ou abandonadas, geralmente frutos da exploração sexual da mulher negra e índia pelo senhor branco. Já na zona urbana, bebês abandonados pelas mães, por vezes filhos ilegítimos de moças pertencentes a famílias com prestígio social, eram recolhidos nas "rodas de expostos" existentes em algumas cidades desde o início do século XVIII.

Essa situação vai se modificar um pouco a partir da segunda metade do século XIX, período da abolição da escravatura no país, quando se acentua a migração para a zona urbana das grandes cidades e surgem condições para certo desenvolvimento cultural e tecnológico e para a proclamação da República como forma de governo.

No período precedente à proclamação da República, observam-se iniciativas isoladas de proteção à infância, muitas delas orientadas ao combate das altas taxas de mortalidade infantil da época, com a criação de entidades de amparo. Ademais, a abolição da escravatura no Brasil suscitou, de um lado, novos problemas concernentes ao destino dos filhos de escravos, que já não iriam assumir a condição de seus pais, e, de outro, concorreu para o aumento do abandono de crianças e para a busca de novas soluções para o problema da infância, as quais, na verdade, representavam apenas uma "arte de varrer o problema para debaixo do tapete": criação de creches, asilos e internatos, vistos na época como instituições assemelhadas e destinadas a cuidar das crianças pobres.

O que se observa nas soluções apontadas é a presença de um discurso de medicamentação a respeito da assistência aos infantes, o qual atribuía à família culpa pela situação de seus filhos. Por outro lado, o projeto social de construção de uma nação moderna, parte do ideário liberal presente no final do século XIX, reunia condições para que fossem assimilados, pelas elites do país, os preceitos educacionais do Movimento das Escolas Novas, elaborados no centro das transformações sociais ocorridas na Europa e trazidos ao Brasil pela influência americana e europeia. O jardim de infância, um desses "produtos" estrangeiros, foi recebido com entusiasmo por alguns setores sociais.

A ideia de "jardim de infância", todavia, gerou muitos debates entre os políticos da época. Muitos a criticavam por identificá-la com as salas de asilo francesas, entendidas como locais de mera guarda das crianças. Outros a defendiam por acreditarem que trariam vantagens para o desenvolvimento infantil, sob a influência dos escolanovistas. O cerne da polêmica era a argumentação de que, se os jardins de infância tinham objetivos de caridade e destinavam-se aos mais pobres, não deveriam ser mantidos pelo poder público.

Enquanto a questão era debatida, eram criados, em 1875 no Rio de Janeiro e em 1877 em São Paulo, os primeiros jardins de infância sob os cuidados de entidades privadas e, apenas alguns anos depois, os primeiros jardins de infância públicos, que, contudo, dirigiam seu atendimento para as crianças dos extratos sociais mais afortunados, com o desenvolvimento de uma programação pedagógica inspirada em Froebel.

> Em 1862, Emília Eriksen criava um primeiro jardim de infância em Castro, Paraná. Em 1896, é criado o jardim de infância da Escola Normal Caetano de Campos em São Paulo; em 1909, o jardim de infância Campos Sales; em 1910, o jardim de infância Marechal Hermes; e, em 1922, o jardim de infância Barbara Otoni, os três últimos no Rio de Janeiro.

Nesse período, a preocupação com os menores das camadas sociais mais pobres também era frequente na imprensa e nos debates legislativos. Enquanto Rui Barbosa considerava o jardim de infância como a primeira etapa do ensino primário e apresentou, em 1882, um projeto de reforma da instrução no país, distinguindo salas de asilo, escolas infantis e jardins de infância, observava-se, outrossim, o fortalecimento de um movimento de proteção à infância, que partia de uma visão preconceituosa sobre a pobreza, defendendo um atendimento caracterizado como dádiva aos menos favorecidos.

Na Exposição Pedagógica, realizada em 1885 no Rio de Janeiro, os jardins de infância foram ora confundidos com as salas de asilo francesas, ora entendidos como início (perigoso) de escolaridade precoce. Eram considerados prejudiciais à unidade familiar por tirarem desde cedo a criança de seu ambiente doméstico, sendo admitidos apenas no caso de proteção aos filhos de mães trabalhadoras.

Nesse momento já aparecem algumas posições históricas em face da Educação Infantil que iriam se arrastar até hoje: o assistencialismo e uma educação compensatória aos desafortunados socialmente. Planejar um ambiente promotor da educação era meta considerada com dificuldade.

O Brasil República

A proclamação da República no País, ocorrida em 1889 dentro de um cenário de renovação ideológica, trouxe modificações também para o entendimento de questões sociais, que continuaram a ser tratadas conforme a camada social da população atendida.

Particulares fundaram em 1899 o Instituto de Proteção e Assistência à Infância, que precedeu a criação, em 1919, do Departamento da Criança, iniciativa governamental decorrente de uma preocupação com a saúde pública que acabou por suscitar a ideia de assistência científica à infância. Ao lado disso, surgiu uma série de escolas infantis e jardins de infância, alguns deles criados por imigrantes europeus para o atendimento de seus filhos. Em 1908, instituiu-se a primeira escola infantil de Belo Horizonte e, em 1909, o primeiro jardim de infância municipal do Rio de Janeiro. Levantamentos realizados em 1921 e 1924 apontavam um crescimento de quinze para 47 creches e de quinze para 42 jardins de infância em todo o país (Kuhlmann Jr., 2000, p. 481). O grande investimento na época, todavia, estava concentrado no ensino primário, que atendia apenas parte da população em idade escolar.

Enquanto isso, a urbanização e a industrialização nos centros urbanos maiores, intensificadas no início do século XX, produziram um conjunto de efeitos que modificaram a estrutura familiar tradicional no que se refere ao cuidado dos filhos pequenos. A consolidação da atividade industrial acelerou a transformação de uma estrutura econômica agrária, na qual o trabalho podia ser realizado pelo conjunto dos familiares, em outra estrutura, que passou a incluir a separação física entre local de moradia e local de trabalho e na qual cada trabalhador é considerado uma unidade produtiva.

Como a maioria da mão de obra masculina estava na lavoura, as fábricas criadas na época tiveram de admitir grande número de mulheres no trabalho. O problema do cuidado de seus filhos enquanto trabalhavam não foi, todavia, considerado pelas indústrias que se estabeleciam, levando as mães operárias a encontrar soluções emergenciais em seus próprios núcleos familiares ou em outras mulheres, que se propunham a cuidar de crianças em troca de dinheiro. As "criadeiras", como eram chamadas, foram estigmatizadas como "fazedoras de anjos", em consequência da alta mortalidade das crianças por elas atendidas, explicada na época pela precariedade de condições higiênicas e materiais e — acrescentaríamos hoje — pelos problemas psicológicos advindos de inadequada separação da criança pequena de sua família.

A participação da mulher no setor operário decresceu no início daquele século com a absorção, pelas fábricas, da mão de obra de imigrantes europeus que chegavam ao nosso país, geralmente jovens do sexo masculino e, portanto, imediatamente produtivos. Apesar disso, o problema da mulher operária com seus filhos pequenos teve algum tipo de resposta. Esta surgiu em meio a embates entre trabalhadores e patrões, como se verá. Entretanto, embora a necessidade de ajuda ao cuidado dos filhos pequenos estivesse ligada a uma situação produzida pelo próprio sistema econômico, tal ajuda não foi reconhecida como um dever social, mas continuou a ser apresentada como um favor prestado, um ato de caridade de certas pessoas ou grupos.

Ana Lucia Goulart de Faria (1994, p. 50-61) encontrou tal reivindicação na imprensa comunista daquela época, mas não na imprensa anarquista, que falava na mulher em casa, cuidando dos filhos.

Os imigrantes, trabalhadores mais qualificados e politizados pelo contato com movimentos que ocorriam na Europa e nos Estados Unidos, procuravam nos sindicatos organizar os demais operários para lutarem por seus direitos e protestarem contra as condições precárias de trabalho e de vida a que se achavam submetidos: baixos salários, longas jornadas de trabalho, ambiente insalubre, emprego de mão de obra infantil. Entre as reivindicações de parte do movimento operário, na década de 1920 e no início dos anos 1930, por melhores condições de trabalho e de vida estava a da existência de locais para guarda e atendimento das crianças durante o trabalho das mães. Essa reivindicação, todavia, não era consensual no movimento operário.

Os sindicatos eram fortemente combatidos pelas associações patronais que estavam, então, sendo instituídas nos setores comerciais e industriais. Alguns empresários, no entanto, foram modificando sua política de repressão direta aos sindicatos e concedendo certos benefícios sociais, como forma de enfraquecer os movimentos operários, arrefecer suas oposições e controlar as formas de vida dos trabalhadores, dentro e fora da fábrica. Para atrair e reter a força de trabalho, fundaram vilas operárias, clubes esportivos e também algumas creches e escolas maternais para os filhos de operários em cidades como Rio de Janeiro, São Paulo e várias outras no interior de Minas Gerais e no norte do país, iniciativas que foram sendo timidamente seguidas por outros empresários.

Em 1889 é inaugurada a creche da Fábrica de Tecidos Corcovado no Rio de Janeiro.

Sendo de propriedade das empresas, a creche e as demais instituições sociais eram usadas por elas no ajuste das relações de trabalho. O fato de o filho da operária estar sendo atendido em instituições montadas pelas fábricas passou, até, a ser reconhecido por alguns empresários como algo vantajoso, por provocar um aumento de produção por parte da mãe. Todavia, tanto o discurso dos patrões como o próprio movimento operário enalteciam um ideal de mulher voltada para o lar, contribuindo para que as poucas creches criadas continuassem a ser vistas como paliativos, como situação anômala. Não se considerava que a inserção contraditória da mulher no mercado de trabalho era própria da forma de implantação do capitalismo no País, agravada ainda pelo patriarcalismo da cultura brasileira.

As poucas conquistas ocorridas em algumas regiões operárias não se deram sem conflitos. As reivindicações operárias, dirigidas inicialmente aos donos de indústrias, foram sendo, com o tempo, canalizadas para o Estado e atuaram como força de pressão pela criação de creches, escolas maternais e parques infantis por parte dos órgãos governamentais. Em 1923, a primeira regulamentação sobre o trabalho da mulher previa a instalação de creches e salas de amamentação próximas do ambiente de trabalho e que estabelecimentos comerciais e industriais deveriam facilitar a amamentação durante a jornada das empregadas.

Na década de 1920, a crise no sistema político oligárquico então predominante e a expansão das atividades industriais culminaram com uma revolução de características burguesas no país. Nesse momento político extremamente importante, ocorreu em 1922, no Rio de Janeiro, o Primeiro Congresso Brasileiro de Proteção à Infância, no qual foram discutidos temas como a educação moral e higiênica e o aprimoramento da raça, com ênfase no papel da mulher como cuidadora. Nesse contexto surgiram as primeiras regulamentações do atendimento de crianças pequenas em escolas maternais e jardins de infância.

Enquanto isso, alguns educadores, que buscavam defender a área da intervenção de políticos e leigos e se preocupavam com a qualidade do trabalho pedagógico, apoiaram o movimento de renovação pedagógica conhecido como "escolanovismo". Os debates que estavam ocorrendo no país, no sentido da transformação radical das escolas brasileiras, traziam a questão educacional para o centro das discussões políticas nacionais.

Opondo-se à oligarquia rural, defensora da escola tradicional, a burguesia industrial passou a apoiar a nova orientação pedagógica, que suplantava as propostas educacionais elaboradas pelos movimentos anarquistas da época. A política educacional então emergente convergia não apenas com os interesses da burguesia industrial, mas também com o desejo de ascensão social da pequena burguesia e da classe trabalhadora dos centros urbanos mais expressivos. Em 1924, educadores interessados no Movimento das Escolas Novas fundaram a Associação Brasileira de Educação. Em 1929, Lourenço Filho publicou o livro *Introdução ao estudo da Escola Nova*, divulgando as novas concepções entre os educadores brasileiros. Em 1932, surgiu o Manifesto dos Pioneiros da Educação Nova, documento que defendia amplo leque de pontos: a educação como função pública, a existência de uma escola única e da coeducação de meninos e meninas, a necessidade de um ensino ativo nas salas de aula e de o ensino elementar ser laico, gratuito e obrigatório. As intervenções educacionais propostas seriam parte de um processo de luta pela cultura historicamente elaborada.

Entre outros pontos então discutidos nesse período de renovação do pensamento educacional estava a educação pré-escolar, instituída como a base do sistema escolar. Refletindo a influência daquele movimento, alguns educadores brasileiros de vanguarda, como Mário de Andrade, em São Paulo, propunham a disseminação de praças de jogos nas cidades à semelhança dos jardins de infância de Froebel, tal como ocorria em vários locais da América Latina, como Havana, Buenos Aires, Montevidéu e Santiago. Essas praças deram origem aos parques infantis construídos em várias cidades brasileiras.

Entretanto, o debate acerca da renovação pedagógica dirigiu-se mais aos jardins de infância, onde estudavam preferencialmente as crianças dos grupos sociais de prestígio, do que aos parques infantis, onde as crianças dos meios populares eram submetidas a propostas de trabalho educacional que pouco tinham em comum com os preceitos escolanovistas. Surgiram novos jardins de infância e cursos para

Em Teresina, Piauí, em 1933, entre outros.

formar seus professores, mas nenhum deles voltado ao atendimento prioritário das crianças das camadas populares.

Além dos cursos da Escola Caetano de Campos em São Paulo, começaram a funcionar cursos com salas de observação para pesquisa sobre o desenvolvimento infantil no Colégio Benett (1939) e no Instituto de Educação (1949), ambos no Rio de Janeiro.

Nesse momento, a vida da população das cidades, conturbada pelo projeto de industrialização e urbanização do capitalismo monopolista e excludente em expansão, exigia paliativos aos seus efeitos nocivos nos centros urbanos, que se industrializavam rapidamente e não dispunham de infraestrutura urbana em termos de saneamento básico, moradias etc., trazendo o perigo de constantes epidemias. A creche seria um desses paliativos, na visão de sanitaristas preocupados com as condições de vida da população operária, ou seja, com a preservação e reprodução da mão de obra, que geralmente habitava ambientes insalubres. Outra iniciativa, de 1923, foi a fundação da Inspetoria de Higiene Infantil, que, em 1934, foi transformada em Diretoria de Proteção à Maternidade e à Infância.

No quadro das tensões sociais existentes na década de 1930, e procurando a regulamentação das relações entre patrões e empregados e a manutenção da ordem, o Estado adotou uma estratégia combinada de repressão e de concessões às reivindicações dos trabalhadores, no terreno da legislação social. O governo Vargas (1930-1945), ao mesmo tempo que resguardava os interesses patrimoniais, reconheceu alguns direitos políticos dos trabalhadores por meio de legislações específicas, como a Consolidação das Leis do Trabalho — CLT, de 1943, que conta com algumas prescrições sobre o atendimento dos filhos das trabalhadoras com o objetivo de facilitar a amamentação durante a jornada.

Embora desde a década de 1930 já tivessem sido criadas algumas instituições oficiais voltadas ao que era chamado de proteção à criança, foi na década de 1940 que prosperaram iniciativas governamentais na área da saúde, previdência e assistência. O higienismo, a filantropia e a puericultura dominaram, na época, a perspectiva de educação das crianças pequenas. O atendimento fora da família aos filhos que ainda não frequentassem o ensino primário era vinculado a questões de saúde.

Entendidas como "mal necessário", as creches eram planejadas como instituição de saúde, com rotinas de triagem, lactário, pessoal auxiliar de enfermagem, preocupação com a higiene do ambiente físico. Por trás disso, buscava-se regular todos os atos da vida, particularmente dos membros das camadas populares. Para tanto, multiplicaram-se os convênios com instituições filantrópicas a fim de promover o aleitamento materno e combater a mortalidade infantil. No imaginário da época, a mãe continuava sendo a dona do lar, devendo limitar-se a ele.

> Em 1901 foi fundada a Creche Espírita Anália Franco em São Paulo; em 1908 é criada a Creche Central do Patronato de Menores no Rio de Janeiro.

Desde o início do século até a década de 1950, as poucas creches fora das indústrias eram de responsabilidade de entidades filantrópicas laicas e, principalmente, religiosas. Em sua maioria, essas entidades, com o tempo, passaram a receber ajuda governamental para desenvolver seu trabalho, além de donativos das famílias mais ricas. O trabalho com as crianças nas creches tinha assim um caráter assistencial-protetoral. A preocupação era alimentar, cuidar da higiene e da segurança física, sendo pouco valorizado um trabalho orientado à educação e ao desenvolvimento intelectual e afetivo das crianças.

Em uma trajetória paralela, classes pré-primárias eram instituídas junto a grupos escolares em várias cidades brasileiras. Assim, de forma desintegrada, ocorria o atendimento às crianças em creches, parques infantis, escolas maternais, jardins de infância e classes pré-primárias.

No período de 1940-1960, o agravamento dos conflitos sociais no âmbito do projeto nacional-desenvolvimentista que se buscava implantar no país intensificou políticas populistas. Em 1942, o Departamento Nacional da Criança, então parte do Ministério da Educação e Saúde, criou a "Casa da Criança". O discurso médico continuava em destaque, mas já modificado pela preocupação de certos grupos sociais com a organização de instituições para evitar a marginalidade e a criminalidade de vastos contingentes de crianças e jovens da população mais carente. Em 1953, com a divisão daquele ministério, o Departamento Nacional da Criança passou a integrar o

Ministério da Saúde, sendo substituído em 1970 pela Coordenação de Proteção Materno-Infantil.

Embora os textos oficiais do período recomendassem que também as creches, além dos jardins de infância, contassem com material apropriado para a educação das crianças, o atendimento em creches e parques infantis continuou a ser realizado de forma assistencialista. O surgimento, na década de 1940, de psicólogos para trabalhar em parques infantis então existentes em algumas cidades reforçou o enfoque de higiene mental, de influência norte-americana, que foi usado como justificativa para o trabalho nessa nova modalidade de atendimento pré-escolar e punha ênfase na possibilidade de as crianças matriculadas apresentarem desajustes de personalidade e outros problemas de desenvolvimento. Essas perspectivas apontavam as vantagens das creches e parques infantis como agências promotoras da segurança e da saúde sem, contudo, aprofundar-se na análise crítica dos fatores econômicos, políticos e sociais presentes nas condições de vida da população mais pobre.

Durante a segunda metade do século XX, as características do sistema econômico adotado no Brasil — um capitalismo dependente e concentrador de riquezas — continuaram impedindo que a maioria da população tivesse satisfatórias condições de vida. Ao mesmo tempo, o incremento da industrialização e da urbanização no país propiciou novo aumento da participação da mulher no mercado de trabalho. Creches e parques infantis que atendiam crianças em período integral passaram a ser cada vez mais procurados não só por operárias e empregadas domésticas, mas também por trabalhadoras do comércio e funcionárias públicas.

Uma mudança importante havia ocorrido, no entanto, no início desse período: a Lei de Diretrizes e Bases da Educação Nacional aprovada em 1961 (Lei nº 4024/61) aprofundou a perspectiva apontada desde a criação dos jardins de infância: sua inclusão no sistema de ensino. Assim dispunha essa lei:

Art. 23 – "A educação pré-primária destina-se aos menores de até sete anos, e será ministrada em escolas maternais ou jardins de infância".

Art. 24 – "As empresas que tenham a seu serviço mães de menores de sete anos serão estimuladas a organizar e manter, por iniciativa própria ou em cooperação com os poderes públicos, instituições de educação pré-primária".

Todo esse quadro social refletia o dinamismo do contexto sociopolítico e econômico do início da década de 1960, que seria alterado pelos governos militares instaurados no país a partir de 1964, com marcantes reflexos sobre a educação em geral e a educação das crianças pequenas em particular.

Para saber mais

BLAY, Eva A. *Eu não tenho onde morar*; vilas operárias na cidade de São Paulo. São Paulo: Nobel, 1985.

DEAN, Warren. A industrialização durante a República Velha. In: FAUSTO, Boris (org.). *História geral da civilização brasileira*. 2. ed. Rio de Janeiro: Difel, 1978. t. 3, v. 1. cap. 2, p. 251-283.

FARIA, Ana Lúcia G. *Educação pré-escolar e cultura*; para uma pedagogia da Educação Infantil. São Paulo: Campinas; Cortez: Unicamp, 1999.

GOHN, Maria da Glória Marcondes. *A força da periferia*: a luta das mulheres por creches em São Paulo. Petrópolis, Vozes, 1985.

GOMES, A. M. C. Empresariado e legislação social na década de 30. In: RESOLUÇÃO DE 30: SEMINÁRIO INTERNACIONAL, 1982, Brasília. *Anais*. Brasília: UnB, 1982.

KISHIMOTO, Tizuko Morchida. *A pré-escola em São Paulo (1877-1940)*. São Paulo: Loyola, 1988.

KUHLMANN JÚNIOR, Moysés. Educando a infância brasileira. In: LOPES, Eliane Marta Teixeira Lopes; FARIA FILHO, Luciano Mendes; VEIGA, Cynthia Greive (Org.). *500 anos de educação no Brasil*. Belo Horizonte: Autêntica, 2000.

LOURENÇO FILHO. *Introdução ao estudo da Escola Nova*. São Paulo: Melhoramentos, 1929.

MESGRAVIS, L. A assistência à infância desamparada e a Santa Casa de São Paulo: a roda dos expostos no século XIX. *Revista de História*, nº 103, p. 401-423, 1975.

PENA, M. V. J. *Mulheres e trabalhadoras*: a presença feminina na constituição do sistema fabril. Rio de Janeiro: Paz e Terra, 1981.

PINHEIRO, Paulo Sérgio; HALL, M. *A classe operária no Brasil (1889-1930)*: condições de vida e trabalho, relações com os empresários e o Estado. São Paulo: Brasiliense, 1981.

RAGO, L. M. *Do cabaré ao lar*: a utopia da cidade disciplinar. Brasil 1890-1930. Rio de Janeiro: Paz e Terra, 1985.

ROSEMBERG, Fúlvia (Org.). *Creche*. São Paulo: Fundação Carlos Chagas-Cortez, 1989.

Sugestão de atividade

Faça uma linha do tempo apresentando os fatos relatados no capítulo.

VI

Novos tópicos na história da Educação Infantil no Brasil

No período dos governos militares pós-1964, as políticas adotadas em nível federal, por intermédio de órgãos como o Departamento Nacional da Criança, a Legião Brasileira de Assistência e a Fundação Nacional do Bem-Estar do Menor — Funabem, continuaram a divulgar a ideia de creche e mesmo de pré-escola como equipamentos sociais de assistência à criança carente.

Prevalecia uma política de ajuda governamental às entidades filantrópicas e assistenciais ou de incentivo a iniciativas comunitárias, por meio de programas emergenciais de massa, de baixo custo, desenvolvidos por pessoal leigo, voluntário, com envolvimento de mães que cuidavam de turmas de mais de cem crianças pré-escolares. Um exemplo é o Plano de Assistência ao Pré-Escolar, proposto em 1967 pelo Departamento Nacional da Criança sob a influência do Fundo das Nações Unidas para a Infância e a Adolescência — Unicef, organismo internacional de assistência no campo da saúde e nutrição que passava a atuar também na área de Educação Infantil.

Muitas entidades, influenciadas pelo tecnicismo que se infiltrou na área de serviço social, esboçaram uma orientação mais técnica para seu trabalho com as crianças, incluindo preocupações com aspectos da educação formal. A ênfase passou a ser dada a um trabalho de cunho "educativo sistematizado" (aqui entendido como "escolar") nos parques infantis e escolas maternais. A ideia de compensar carências de ordem orgânica ampliou-se para a compensação de carências de ordem cultural, como garantia de diminuição do fracasso escolar no ensino obrigatório.

Novas mudanças na Consolidação das Leis do Trabalho, ocorridas em 1967, trataram o atendimento aos filhos das trabalhadoras apenas como uma questão de organização de berçários pelas empresas, abrindo espaço para que outras entidades, afora a própria empresa empregadora da mãe, realizassem aquela tarefa por meio de convênios. O poder público, contudo, não cumpriu o papel de fiscal da oferta de berçários pelas empresas. Assim, poucas creches e berçários foram nelas organizados.

A nova legislação sobre o ensino formulada em 1971 (Lei nº 5692) trouxe novidades à área, ao dispor que:

"Os sistemas velarão para que as crianças de idade inferior a sete anos recebam educação em escolas maternais, jardins de infância ou instituições equivalentes".

Nesse período, o crescimento do operariado, o começo da organização dos trabalhadores do campo para reivindicar melhores condições de trabalho, a incorporação crescente também de mulheres da classe média no mercado de trabalho, a redução dos espaços urbanos propícios às brincadeiras infantis, como os quintais e as ruas, fruto da especulação imobiliária e do agravamento do trânsito, e a preocupação com a segurança contribuíram para que a creche e a pré-escola fossem novamente defendidas por diversos segmentos sociais.

Na década de 1970, teorias elaboradas nos Estados Unidos e na Europa sustentavam que as crianças das camadas sociais mais pobres sofriam de "privação cultural" e eram invocadas para explicar o fracasso escolar delas. Conceitos como carência e marginalização cultural e educação compensatória foram então adotados, sem que houvesse uma reflexão crítica mais aprofundada sobre as raízes estruturais dos problemas sociais. Isso passou a influir também nas decisões de políticas de Educação Infantil.

Vigorosos debates nacionais sobre os problemas das crianças provenientes dos extratos sociais desfavorecidos afiançavam que o atendimento pré-escolar público seria elemento fundamental para remediar as carências de sua clientela, geralmente mais pobre. Segundo essa perspectiva compensatória, o atendimento às crianças dessas camadas em instituições como creches, parques infantis e pré-escolas possibilitaria a superação das condições sociais a que estavam sujeitas, mesmo sem a alteração das estruturas sociais geradoras daqueles problemas. Assim, sob o nome de "educação compensatória", foram sendo elaboradas propostas de trabalho para as creches e pré-escolas que atendiam a população de baixa renda. Tais propostas visavam à estimulação precoce e ao preparo para a alfabetização, mantendo, no entanto, as práticas educativas geradas por uma visão assistencialista da educação e do ensino.

Por outro lado, a entrada cada vez maior de mulheres das camadas médias da população no mercado de trabalho produziu um crescimento significativo de creches e pré-escolas, principalmente as de redes particulares. Preocupadas com o aprimoramento intelectual dos filhos daquelas camadas sociais, as novas instituições trouxeram em seu bojo novos valores: a defesa de um padrão educativo voltado para os aspectos cognitivos, emocionais e sociais da criança pequena.

O atendimento educacional preconizado por aqueles setores, sob a influência de estudos médicos e psicológicos, que apontavam as possibilidades de promover o desenvolvimento infantil desde o nascimento, dava destaque à criatividade e à sociabilidade. Essas inovações, num primeiro momento restritas à educação pré-escolar, terminaram suscitando o aparecimento de novas posições favoráveis à creche também por parte de alguns grupos sociais, que a buscavam como instituição complementar à educação dada a seus filhos, liberando a mãe para o trabalho fora de casa.

Como consequência, aumentou o número de creches, de classes pré-primárias e de jardins de infância no país, além de irem sendo modificadas algumas representações sobre Educação Infantil, com a valorização do atendimento fora da família a crianças de idade cada vez menor.

Nem tudo era harmonioso nesse processo. Enquanto discursos compensatórios ou assistencialistas continuavam dominantes no trabalho nos parques que atendiam filhos de operários e nas creches que cuidavam das crianças de famílias de baixa renda, propostas de desenvolvimento afetivo e cognitivo para crianças eram adotadas pelos jardins de infância onde eram educadas as crianças de classe média.

O aumento da demanda por pré-escola incentivou, na década de 1970, o processo de municipalização da educação pré-escolar pública, com a diminuição de vagas nas redes estaduais de ensino e sua ampliação nas redes municipais, política intensificada com a aprovação da Emenda Calmon à Constituição Nacional (1982), que vinculava um percentual mínimo de 25% das receitas municipais a gastos com o ensino em geral. Em 1972 já havia 460 mil matrículas nas pré-escolas em todo o país.

No entanto, o descrédito da educação pré-escolar enquanto política educacional com maior impacto continuou perdurando. Durante os governos militares, assistiu-se ao embate entre programas federais de convênio com entidades privadas de finalidade assistencial, para atendimento ao pré-escolar, e a defesa, em nível municipal, da creche e da pré-escola com função educativa. Discursos diversos as destacavam como instrumentos de preparo para a escolarização obrigatória. Isso ocorreu porque o interesse pela educação pré-escolar expresso pelas camadas médias foi sendo gradativamente compartilhado por número cada vez maior de famílias de baixa renda, que passaram a reivindicar o que poderia representar uma conquista em seu projeto político. A questão do atendimento educacional às crianças no período anterior ao da escolarização obrigatória adquiriu, com isso, novos contornos.

Esses fatores sociais, aliados a discussões de pesquisadores em psicologia e educação sobre a importância dos primeiros anos de vida no desenvolvimento da criança, propiciaram algumas mudanças no trabalho exercido nos parques infantis. Esse trabalho assumiu, então, caráter pedagógico voltado para atividades de maior sistematização, embora a preocupação com medidas de combate à desnutrição continuasse a perpassar o atendimento às crianças.

A referida pressão da demanda por pré-escola e os polêmicos debates acerca de sua natureza — assistencial *versus* educativa —, na segunda metade dos anos 1970, dinamizaram as decisões na área. Em 1974, o Ministério de Educação e Cultura criou o Serviço de Educação Pré-Escolar e, em 1975, a Coordenadoria de Ensino Pré-Escolar.

Enquanto isso, um programa nacional de educação pré-escolar de massa, o Projeto Casulo — criado em 1977 para liberar a mãe para o trabalho, tendo em vista o aumento da renda familiar —, foi implantado não pelo MEC, mas pela Legião Brasileira de Assistência. Esse projeto orientava monitoras com formação no então segundo grau de ensino para coordenarem atividades educacionais que conviviam com medidas de combate à desnutrição. O Projeto Casulo foi organizado em muitos municípios brasileiros, atendendo, em período de quatro ou oito horas diárias, um número gigantesco de crianças: 300 mil crianças, com prioridade para as mais velhas, em 1981, e 600 mil crianças em 1983 (Campos, 1985).

Mobral: Movimento Brasileiro de Alfabetização. Criado pelo regime militar para erradicar o analfabetismo. Não conseguiu. Foi extinto em 1985.

O governo federal também se utilizou da Fundação Mobral para competir com a LBA pela mesma clientela infantil. Tal fundação coordenou programas de atividades para a formação de hábitos, habilidades e atitudes que eram supervisionados por monitoras com pouca escolaridade. Iniciativas como essas, no contexto da época, serviram para amenizar desigualdades e assistir necessidades básicas, e não para promover aprendizagens.

O contexto econômico e político das décadas de 1970 e 1980 abrigou movimentos operários e feministas em curso no quadro da luta pela democratização do País e do combate às desigualdades sociais, então gritantes. No processo de abertura política que marcou o final do regime militar, a fim de dar vazão às tensões sociais latentes no país, foram adotadas medidas para ampliar o acesso da população mais pobre à escola (pré, primeiro e segundo grau) e sua permanência nela, garantindo a ocorrência de aprendizados básicos.

Enquanto isso, nos grandes centros urbanos, os baixos salários e a falta de extensão de serviços de infraestrutura urbana para atender às necessidades sociais agravavam a questão da creche. Sua reivindicação por parte de amplas parcelas da população de mães, que precisavam trabalhar fora do lar em busca da subsistência da família, intensificou-se no final da década de 1970 e adquiriu conotações novas, com o abandono da postura de aceitação do paternalismo estatal ou empresarial e a exigência da creche como um direito do trabalhador e dever do Estado.

Isso criou novos canais de pressão sobre o poder público. O resultado desses movimentos foi a elevação, naqueles centros, do número de creches diretamente mantidas e geridas pela administração pública e a multiplicação de creches particulares conveniadas com o governo municipal, estadual ou federal.

Ao mesmo tempo, negociações trabalhistas ocorridas no período que antecedeu a elaboração da Constituição de 1988 fomentaram a discussão acerca do atendimento aos filhos dos trabalhadores e resultaram em maior número de creches mantidas por empresas industriais e comerciais e por órgãos públicos para os filhos de seus funcionários, bem como na concessão, por parte de algumas empresas, de uma ajuda de custo às funcionárias com crianças pequenas, para pagarem creches particulares de sua livre escolha.

Mesmo assim, a insuficiência do número de crianças atendidas nas creches pressionava o poder público a incentivar outras iniciativas de atendimento à criança pequena. Eram as "mães crecheiras", os "lares vicinais", "creches domiciliares" ou "creches lares", programas assistenciais de baixo custo estruturados com a utilização de recursos comunitários, tal como ocorria em muitos países do chamado Terceiro Mundo. Tais formas de atendimento, das quais a comunidade carente já lançava mão fazia tempo, constituíam alternativas emergenciais e inadequadas, dada a precariedade de sua realização.

Por iniciativa da própria população, houve também maior aparecimento de creches comunitárias, que muitas vezes eram desvinculadas do apoio governamental e geridas pelos próprios usuários, geralmente pertencentes à classe média, ou recebiam verbas públicas para atendimento de crianças de famílias de baixa renda. Muitas dessas experiências conseguiram concretizar um trabalho pedagógico consistente e marcado pela preocupação de fazer avançar uma prática coletiva de resgate da cultura popular das comunidades atendidas.

Nesse mesmo período, os parques infantis e outras modalidades de instituições educativas públicas foram abandonando a educação informal das crianças em idade de escolarização regular básica e abrindo suas vagas apenas para o atendimento daquelas em idade pré-escolar. Expandiram-se as escolas municipais de Educação Infantil, que abrangiam o trabalho anteriormente feito em parques infantis e jardins de infância, e também as classes pré-primárias nas escolas de Ensino Fundamental.

Em relação ao trabalho pedagógico, no início da década de 1980, muitos questionamentos eram feitos pelos técnicos e professores acerca dos programas de cunho compensatório e da abordagem da privação cultural na pré-escola. Acumulavam-se evidências de que as crianças das classes populares não estavam sendo efetivamente beneficiadas por esses programas. Ao contrário, eles estavam servindo apenas para uma discriminação e marginalização mais precoce delas.

As programações pedagógicas estabelecidas definiam frequentemente as crianças por suas carências ou dificuldades com o padrão das camadas médias exigido nas escolas — vocabulário diferente, dificuldades de comunicação, má condição física, dificuldades de controle e orientação espacial e de discriminação visual e auditiva, autoimagem negativa, desatenção, dificuldades de relacionamento, apatia e irritabilidade. Contudo, as pré-escolas continuaram limitadas a práticas recreativas e assistenciais em virtude da falta de oportunidades reais para seus professores absorverem as programações propostas.

Com o término do período militar de governo, em 1985, novas políticas para as creches foram incluídas no Plano Nacional de Desenvolvimento, elaborado em 1986. Começava a ser admitida a ideia de que a creche não dizia respeito apenas à mulher ou à família, mas também ao Estado e às empresas. A questão foi cada vez mais incluída nas campanhas eleitorais de candidatos a prefeitos e governadores nos anos de 1985 e 1986 e no plano de governo de muitos dos eleitos.

Marcou o período ainda um grande questionamento político, feito pelos educadores, acerca da possibilidade de o trabalho realizado em creches e pré-escolas alicerçar movimentos de luta contra desigualdades sociais. Retomou-se a discussão das funções da creche e da pré-escola e a elaboração de novas programações pedagógicas que buscavam romper com concepções meramente assistencialistas e/ou compensatórias acerca dessas instituições, propondo-lhes uma função pedagógica que enfatizasse o desenvolvimento linguístico e cognitivo das crianças.

Lutas pela democratização da escola pública, somadas a pressões de movimentos feministas e de movimentos sociais de lutas por creches, possibilitaram a conquista, na Constituição de 1988, do reconhecimento da educação em creches e pré-escolas como um direito da criança e um dever do Estado a ser cumprido nos sistemas de ensino.

"O dever do Estado com a educação será efetivado mediante a garantia de:

(...)

IV – atendimento em creche e pré-escola às crianças de zero a seis anos de idade (...)" (Constituição brasileira, artigo 208, 1988.)

Nas décadas de 1980 e 1990, em consequência do debate a respeito da importância de fornecer a todas as crianças estímulos cognitivos adequados, como estratégia para reverter os altos índices de retenção escolar na primeira série da escolaridade obrigatória, começaram a ser apresentados programas de Educação Infantil pela televisão, como, por exemplo, o Projeto Curumim no início dos anos 1980 e o programa Rá-Tim-Bum, já no início dos anos 1990, ambos transmitidos pela TV Cultura de São Paulo. Elaborados por pedagogos e outros técnicos e seguindo uma tendência experimentada em outros países, buscavam atingir também as crianças que não frequentavam a pré-escola. Com isso, a Educação Infantil chegava a um número maior de crianças, pelo menos até às que tinham acesso à televisão.

Após a promulgação da Constituição Federal de 1988, que determinou que 50% da aplicação obrigatória de recursos em educação fosse destinada a programas de alfabetização — em um momento em que era defendida a alfabetização de crianças em idade anterior à do ingresso no ensino obrigatório —, houve expansão do número de pré-escolas e alguma melhoria no nível de formação de seus docentes, muitas vezes já incluídos em quadros de magistério. O filhote esquecido nessa expansão era a creche; que, embora reconhecida como instituição educacional, permanecia muito identificada com a ideia de favor e de situação de exceção.

A década de 1990 assistiu a alguns novos marcos. Um deles foi a promulgação do Estatuto da Criança e do Adolescente em 1990, que concretizou as conquistas dos direitos das crianças promulgados pela Constituição. Na área de Educação Infantil, o debate que acompanhou a discussão de uma nova Lei de Diretrizes e Bases da Educação Nacional (LDB) na Câmara de Deputados e no Senado Federal impulsionou diferentes setores educacionais, particularmente universidades e instituições de pesquisa, sindicatos de educadores e organizações não governamentais, à defesa de um novo modelo de Educação Infantil.

Nesse período, a Coordenadoria de Educação Infantil (Coedi) do MEC desenvolveu, por meio da promoção de encontros, pesquisas e publicações, importante papel de articulação de uma política nacional que garantisse os direitos da população até seis anos a uma educação de qualidade em creches e pré-escolas.

Esses fatos prepararam o ambiente para a aprovação da nova LDB, Lei nº 9394/96, que estabelece a Educação Infantil como etapa inicial da educação básica, conquista histórica que tira as crianças pequenas pobres de seu confinamento em instituições vinculadas a órgãos de assistência social. Diante do novo contexto mundial de globalização da economia e de expansão tecnológica das fontes de informação, surgido nas últimas décadas do século XX, essa lei propõe a reorganização da educação brasileira em alguns pontos. Amplia o conceito de educação básica, que passa a abranger a Educação Infantil, o Ensino Fundamental e o Ensino Médio. Expande o conceito de educação, vinculando o processo formativo ao mundo do trabalho e à prática social exercida nas relações familiares, trabalhistas, de lazer e de convivência social. Aumenta as responsabilidades das unidades escolares (aí incluindo creches e pré-escolas) e determina que os sistemas de ensino garantam graus progressivos de autonomia pedagógica, administrativa e de gestão financeira a suas unidades escolares. Estimula ainda a participação dos profissionais da educação na elaboração do projeto pedagógico da escola e a participação da comunidade em conselhos da instituição educacional. Essa lei ainda dispõe princípios de valorização dos profissionais da educação e estabelece critérios para o uso de verbas educacionais.

Ela atribui flexibilidade ao funcionamento da creche e da pré-escola, permitindo a adoção de diferentes formas de organização e práticas pedagógicas. Define níveis de responsabilidade sobre a regulamentação da Educação Infantil — autorização, credenciamento, supervisão e avaliação institucional — dentro dos sistemas de ensino estaduais e municipais enquanto sistemas próprios ou integrados. Cria ainda mecanismos que possibilitam dar maior visibilidade do atendimento dos gastos para o gestor da educação e para os usuários do serviço: não se permitem mais cursos livres nem apenas registro em cadastros de assistência social, como até então ocorria.

Após a promulgação da LDB, foram criados fóruns estaduais e regionais de Educação Infantil como espaços de reivindicações por mais verbas para programas de formação profissional para professores dessa área.

Observam-se, ainda, no final do século, duas tendências: à diminuição das taxas de natalidade e, portanto, da população até seis anos, especialmente dentro de famílias com maior escolaridade, e à inclusão de alunos de seis anos já no Ensino Fundamental. Um censo específico para cobrir toda a Educação Infantil foi realizado em 2000. Dados preliminares apontaram que o terceiro milênio se iniciou com 1.092.681 crianças matriculadas em creches e 4.815.431 crianças matriculadas em pré-escolas em todo o país. Para geri-las, são criados ou ampliados departamentos encarregados de coordenar programas de Educação Infantil nos órgãos de educação dos municípios.

Além disso, novas concepções acerca do desenvolvimento da cognição e da linguagem modificaram a maneira como as propostas pedagógicas para a área eram pensadas. Um Referencial Curricular Nacional foi formulado em 1998 pelo MEC e Diretrizes Nacionais para a Educação Infantil foram definidas pelo Conselho Nacional de Educação.

As Diretrizes de 1999 (Parecer CNE/CEB nº 22/98 e Resolução CNE/CEB nº 01/99) partiram da crítica às políticas públicas para a infância historicamente construídas no país, baseadas em iniciativas de assistência aos pobres e sem um caráter emancipatório, e defenderam um novo paradigma de atendimento com base na Constituição Federal de 1988, que definiu o direito à educação das crianças de zero a cinco anos de idade em instituições de Educação Infantil como um direito social não apenas dos filhos de trabalhadores rurais e urbanos, mas também como um direito da criança.

Tais Diretrizes trataram o cuidar e o educar como aspectos indissociáveis e defenderam uma concepção de criança como sujeito ativo que interage com o mundo por meio da brincadeira e principalmente como alguém com direito de viver sua infância; daí as preocupações, manifestadas no parecer, em combater a antecipação de rotinas e práticas características do Ensino Fundamental para orientar o trabalho com as crianças pequenas. As diretrizes ainda apontaram as condições necessárias para a concretização dessas concepções (a concepção de avaliação, a formação dos professores e gestores, a atenção multidisciplinar à criança e a oferta de condições estruturais e conjunturais para o trabalho pedagógico). Os princípios curriculares nelas estabelecidos marcaram uma linha de continuidade com as demais etapas da Escola Básica, direcionando o olhar dos professores para a construção de uma educação comprometida com a constituição de sujeitos solidários, criativos e críticos.

Firmados esses pontos, dez anos depois, pesquisas realizadas em unidades de Educação Infantil das redes públicas de diferentes regiões mostraram resultados preocupantes em relação à qualidade do trabalho aí realizado. Em muitos locais ainda prevalece uma filosofia assistencialista de trabalho, no caso de creches, ou um modelo de antecipação de práticas de trabalho pedagógico, copiadas de um referencial já ultrapassado de Ensino Fundamental, no caso de pré-escolas. Com isso, uma retomada da identidade conceitual, legal, sociopolítica da Educação Infantil se mostrou uma tarefa urgente para orientar as práticas pedagógicas cotidianas vividas nas instituições de Educação Infantil a fim de torná-las mediadoras mais eficientes de aprendizagens e do desenvolvimento das crianças.

A aprovação de novas diretrizes curriculares nacionais para a Educação Infantil (Parecer CNE/CEB nº 20/09 e Resolução CNE/CEB nº 05/09) reforçou que a proposta pedagógica das instituições de Educação Infantil deve ter como objetivo principal promover o desenvolvimento integral das crianças de zero a cinco anos de idade, garantindo a cada uma delas o acesso a processos de construção de conhecimentos e a aprendizagem de diferentes linguagens, assim como o direito à proteção, à saúde, à liberdade, ao respeito, à dignidade, à brincadeira, à convivência e interação com outras crianças.

As novas diretrizes traçam orientações para a Educação Infantil fora do território urbano e realizada em territórios da população indígena, do campo, ribeirinha, quilombola, e outras, e chama a atenção para a Educação Inclusiva das crianças com deficiências, transtornos globais de desenvolvimento e altas habilidades/superdotação. Elas consideraram que as instituições de Educação Infantil devem garantir uma experiência educativa com qualidade a todas as crianças, entendendo o cuidado como algo indissociável ao processo educativo, e apontam que o combate ao racismo e às discriminações de gênero, socioeconômicas, étnico-raciais, de condição de desenvolvimento e religiosas deve ser objeto de constante reflexão e intervenção no cotidiano da Educação Infantil, assim como a atenção cuidadosa e exigente dos educadores a possíveis formas de violação da dignidade da criança fora e dentro da instituição. As diretrizes ainda propõem um trabalho com diferentes linguagens e com culturas plurais na creche e na pré-escola, possibilitando o fortalecimento dos saberes e das especificidades linguísticas, culturais e religiosas de cada comunidade. Para garantir a continuidade dos processos vivenciados pela criança ao longo da Escola Básica, as diretrizes colocam que devem ser criadas estratégias adequadas aos diferentes momentos de transição por elas vividos.

Um ponto importante, estabelecido nas novas diretrizes, diz respeito à função sociopolítica e pedagógica da Educação Infantil, tal como aparece no artigo 7 da Resolução CNE/CEB nº 05/09:

> *"Na observância destas Diretrizes, a proposta pedagógica das instituições de Educação Infantil deve garantir que elas cumpram plenamente sua função sociopolítica e pedagógica:*
> *I - oferecendo condições e recursos para que as crianças usufruam seus direitos civis, humanos e sociais;*
> *II - assumindo a responsabilidade de compartilhar e complementar a educação e cuidado das crianças com as famílias;*
> *III - possibilitando tanto a convivência entre crianças e entre adultos e crianças quanto a ampliação de saberes e conhecimentos de diferentes naturezas;*
> *IV - promovendo a igualdade de oportunidades educacionais entre as crianças de diferentes classes sociais no que se refere ao acesso a bens culturais e às possibilidades de vivência da infância;*
> *V - construindo novas formas de sociabilidade e de subjetividade comprometidas com a ludicidade, a democracia, a sustentabilidade do planeta e com o rompimento de relações de dominação etária, socioeconômica, étnico-racial, de gênero, regional, linguística e religiosa".*

Esses pontos irão certamente contribuir para que o desenvolvimento infantil se faça em direções mais críticas, afetuosas, lúdicas, colaborativas, solidárias.

Para saber mais

BONAMINGO, Eliza Maria R. Lares vicinais em Porto Alegre: avaliação de um programa para crianças de 0 a 6 anos de idade. *Cadernos de Pesquisa*, São Paulo, nº 51, p. 33-45, nov. 1984.

CAMPOS, Maria Malta; ROSEMBERG, Fúlvia; FERREIRA, Isabel M. *Creches e pré-escolas no Brasil*. São Paulo: Cortez: FCC, 1993.

KRAMER, Sônia. *A política do pré-escolar no Brasil*: a arte do disfarce. 5. ed. São Paulo: Cortez, 1995.

_______ ; SOUZA, Solange Jobim. *Educação ou tutela*? a criança de 0 a 6 anos. São Paulo: Loyola, 1988.

ROSEMBERG, Fúlvia. A educação pré-escolar brasileira durante os governos militares. *Cadernos de Pesquisa*, São Paulo: nº 82, p. 21-30, 1992.

VIEIRA, Lívia Maria F. *Creches no Brasil*: de mal necessário a lugar de compensar carências, rumo à construção de um projeto educativo. 1986. Dissertação de mestrado – UFMG, Belo Horizonte.

Sugestão de atividade

Continue a fazer a linha do tempo, situando nela os fatos relatados acerca da Educação Infantil.

VII

A construção social da criança

Uma compreensão de pontos básicos sobre como cada pessoa se desenvolve em sua cultura pode apoiar a promoção de experiências pedagógicas de qualidade na Educação Infantil. No decorrer da história, esses pontos foram sendo sistematizados pelas ciências. Uma análise crítica deles, no entanto, leva-nos hoje a perceber que, mais do que condição biologicamente determinada, a definição de infância, adolescência, idade adulta ou velhice é uma decisão política feita de forma própria em cada cultura. Tais períodos do desenvolvimento humano são objeto de narrativas culturais que envolvem aspectos ideológicos. Do contrário, como poderíamos afirmar, por exemplo, que a vida adulta representa a oportunidade de assumir um trabalho remunerado e de constituir família, se em um grupo social há crianças que trabalham e adolescentes que têm filhos?

Em algumas culturas afirma-se que crianças pequenas devem ocupar-se apenas do jogo livre infantil. Em outras, desde muito cedo a criança é instada pela família a auxiliar pelo menos em tarefas domésticas, não sendo raro que algumas desempenhem tarefas de trabalho produtivo ou peçam esmolas nas ruas das cidades. Há também culturas em que, precocemente, elas são postas para executar tarefas que reproduzem atividades escolares de níveis mais adiantados.

A presença de aspectos políticos nas explicações sobre o desenvolvimento humano pode ser notada quando se analisam as orientações, apresentadas em diferentes épocas históricas, sobre as formas consideradas melhores para cuidar de crianças e educá-las. A moralidade religiosa, por exemplo, já foi a principal orientação dada à educação de infantes. Suas normas acabaram sendo substituídas por discursos médicos que prescreviam práticas sanitárias, particularmente enfatizados quando envolviam população de baixa renda. Após a Segunda Guerra Mundial, ideias da psicologia e da psicanálise ocuparam o foco central da prescrição de bons hábitos educativos, como argumentos para capacitar cada vez mais cedo as novas gerações, com o objetivo de desenvolver as competências complexas requeridas por sociedades com acelerado ritmo de transformação.

Há que reconhecer, no entanto, que, apesar de as teorias psicológicas serem extremamente úteis para descrever e explicar o desenvolvimento humano, elas não dão conta de orientar diretamente questões pedagógicas em creches e pré-escolas. Valores sociais, preocupações pragmáticas, intuições extraídas da experiência cotidiana são elementos que colaboram para delinear os objetivos, atividades e estratégias de ensino adequados aos níveis de desenvolvimento das crianças atendidas e às exigências sociais que se apresentam para elas.

Assim, o educador deve conhecer não só teorias sobre como cada criança reage e modifica sua forma de sentir, pensar, falar e construir coisas, mas também o potencial de aprendizagem presente em cada atividade realizada na instituição de Educação Infantil. Deve também refletir sobre o valor dessa experiência enquanto recurso necessário para o domínio de competências consideradas básicas para todas as crianças terem sucesso em sua inserção em uma sociedade concreta.

Ao analisarmos algumas implicações das concepções sobre o desenvolvimento humano para a Educação Infantil, pretendemos fugir da imposição de um modelo da infância para orientar políticas sociais, o qual ignora as diferenças culturais e econômicas entre os indivíduos ou as trata sem percebê-las como desigualdades socialmente formuladas.

1. O desenvolvimento humano é um processo de construção

Historicamente, diferentes concepções acerca do desenvolvimento humano têm sido traçadas na psicologia. Elas buscam responder como cada um chegou a ser aquilo que é e mostrar quais os caminhos abertos para mudanças nessas maneiras de ser, quais as possibilidades de cada indivíduo para aprender.

Os fatores hereditários e o papel da maturação orgânica têm sido superestimados por correntes afins do biologismo ou do inatismo, que enfatizam a espontaneidade das transformações nas capacidades psicológicas do indivíduo, sustentando que dependeriam muito pouco da influência de fatores externos a ele. O desenvolvimento seria como o desenrolar de um novelo em que estariam previamente inscritas as características de cada pessoa. Bastaria alimentar um processo de maturação e as aptidões individuais, em estado de prontidão, guiariam o comportamento do sujeito. Essa corrente de pensamento ainda hoje é particularmente forte na Educação Infantil, subsidiando concepções de que a educação da infância envolveria apenas regar as pequenas sementes para que estas desabrochem suas aptidões.

Outras correntes explicativas, ao contrário, têm asseverado que o ambiente é o principal elemento de determinação do desenvolvimento humano. Segundo elas, o homem tem plasticidade para adaptar-se a diferentes situações de existência, aprendendo novos comportamentos, desde que lhe sejam dadas condições favoráveis. Na Educação Infantil tal concepção promoveu a criação de muitos programas de intervenção sobre o cotidiano e a aprendizagem da criança, em idades cada vez mais precoces. Todavia, essa visão minimiza a iniciativa do próprio sujeito e também o fato de as reações dos diversos sujeitos submetidos às pressões de um mesmo meio social não serem semelhantes.

Para responder ao impasse criado pelas posições precedentes, surgiu na psicologia uma corrente que advoga a existência de uma relação de recíproca constituição entre indivíduo e meio, a vertente interacionista. Segundo ela, o desenvolvimento humano não decorre da ação isolada de fatores genéticos que buscam condições para o seu amadurecimento nem de fatores ambientais que agem sobre o organismo, controlando seu comportamento. Decorre, antes, das trocas recíprocas que se estabelecem durante toda a vida entre indivíduo e meio, cada aspecto influindo sobre o outro. Como todo organismo vivo, o humano inscreve-se em uma linha de desenvolvimento condicionada tanto pelo equipamento biocomportamental da espécie quanto pela operação de mecanismos gerais de interação com o meio.

Dessa perspectiva, não há uma essência humana, mas uma construção do homem em sua permanente atividade de adaptação a um ambiente. Ao mesmo tempo em que a criança modifica seu meio, é modificada por ele. Em outras palavras, ao constituir seu meio, atribuindo-lhe a cada momento determinado significado, a criança é por ele constituída; adota formas culturais de ação que transformam sua maneira de expressar-se, pensar, agir e sentir.

2. Dois autores interacionistas: Vygotsky e Wallon

Dois pesquisadores na área da psicologia integram a perspectiva interacionista que vai orientar nossa leitura do desenvolvimento infantil: o russo Lev Vygotsky (1896-1934) e o francês Henri Wallon (1879-1962). Ambos trouxeram grandes contribuições ao conhecimento sobre a forma de a criança ser e modificar-se e, atualmente, vêm exercendo significativa influência entre os pesquisadores da área de Educação Infantil. Seus trabalhos os inserem em uma linha teórica que pode ser chamada de sócio-histórica, por considerarem a constituição social do sujeito dentro de uma cultura concreta. Vejamos os pontos básicos das contribuições de cada um deles.

3. Vygotsky

Segundo Vygotsky, a construção do pensamento e da subjetividade é um processo cultural, e não uma formação natural e universal da espécie humana. Ela se dá graças ao uso de signos e ao emprego de instrumentos elaborados através da história humana em um contexto social determinado. Enquanto os animais agem e reagem à natureza de uma forma sensorial instintiva, o homem extrapola suas capacidades sensoriais pelo uso de instrumentos construídos por meio do trabalho coletivo no qual interage com outros homens. Esses instrumentos não se reduzem à dimensão material, mas incluem a utilização de signos — um nó em um lenço para ativar uma lembrança, um brinquedo para possibilitar a emergência da capacidade de representar algo em uma situação, uma palavra para remeter a uma experiência, uma questão para ativar um raciocínio argumentativo —, que estimulam diferentes funções mentais.

Ao incorporarem os signos elaborados pelos grupos sociais como forma de registrar e transmitir determinadas informações no processo de trabalho, as ações humanas vão-se tornando mais complexas. Assim como o uso da pá modificou a ação dos membros superiores do corpo do homem primitivo, hábitos de observar os astros e as estrelas no céu, tal como os pescadores o fazem, por exemplo, modificam a capacidade de orientação espacial do indivíduo.

Os signos não são criados ou descobertos pelo sujeito, mas o sujeito deles se apropria desde o nascimento, na sua relação com parceiros mais experientes que emprestam significações a suas ações em tarefas realizadas em conjunto. As interações adulto–criança em tarefas culturalmente estruturadas, com seus complexos significados, criam "sistemas partilhados de consciência" culturalmente elaborados e em contínua transformação.

De início, a realização de uma tarefa conjunta é uma totalidade na qual os atos dos parceiros estão intimamente entrelaçados. Com a experiência, conforme a criança imita o parceiro — apropriando-se das instruções, questionamentos e recortes que este lhe oferece —, ela pode fazer indicações a si mesma e apresentar um desempenho independente. É por isso que Vygotsky afirma que toda função psicológica superior manifesta-se, primeiro, em uma situação interpessoal e depois em uma situação intrapessoal. A mãe pode chamar a atenção da criança para um determinado objeto, perguntando-lhe: "O que é isto?", ao mesmo tempo em que a ajuda a dar uma resposta. A ocorrência dessa situação repetidas vezes faz com que a criança se aproprie da fala "o que é isto?" e a dirija a um parceiro para obter uma resposta. Depois, a própria criança se propõe essa questão internamente e responde a ela. Com isso, formas de memorizar, de perceber, de solucionar problemas etc., que foram gestadas inicialmente dentro da coletividade, convertem-se em funções psicológicas do indivíduo.

Para analisar esse processo, Vygotsky criou o conceito de *Zona de desenvolvimento proximal*. Segundo ele, a criança transforma as informações que recebe de acordo com as estratégias e conhecimentos por ela já adquiridos em situações vividas com outros parceiros mais experientes. A noção de zona de desenvolvimento proximal refere-se à distância entre o nível de desenvolvimento atual do indivíduo (ou seja, sua capacidade de apresentar uma ação independentemente de pistas externas — compreendendo, portanto, funções já amadurecidas) e a capacidade de responder orientado por indicações externas a ele (ou seja, baseada em funções em processo de amadurecimento). Após operar com esses instrumentos externos, ou próteses ("muletas") — gestos, instruções, questões, estratégias —, o indivíduo cria uma mediação semiótica interna e responde às situações com base em conceitos, imagens, habilidades e outros recursos.

O pensamento é, assim, formado na vida social, à medida que os modos de organização do ambiente presentes em determinado contexto social fornecem aos indivíduos nele imersos os objetos, os conhecimentos, as técnicas e os motivos necessários ao desempenho das tarefas sociais historicamente construídas naquela cultura. A realização de tais tarefas, por sua vez, modifica esses instrumentos materiais e simbólicos ou leva à criação de outros.

Entre outros signos, a apropriação pela pessoa da linguagem de seu grupo social, segundo Vygotsky, constitui o processo mais importante no seu desenvolvimento. A linguagem permite que o mundo seja refratado na consciência humana por meio dos significados culturais selecionados pelo sujeito e por ele apropriados com um sentido próprio, embora impregnado de valores e motivos sociais historicamente determinados.

A emergência da linguagem verbal, de um agir comunicacional, vai regular a atividade da criança pelo estabelecimento, por parte dos parceiros, de um acordo sobre os objetivos e as formas de ação, que podem ser então planejados e avaliados, tornando-se mais complexos. A aquisição de um sistema linguístico dá forma ao pensamento e reorganiza as funções psicológicas da criança, sua atenção, memória e imaginação.

4. Wallon

Wallon, tal como Vygotsky, considerava o desenvolvimento humano como resultante de uma dupla história, que envolve as condições do sujeito e as sucessivas situações nas quais ele se envolve e às quais responde. Também para ele a atividade da criança só é possível graças aos recursos oferecidos tanto pelo instrumental material quanto pela linguagem utilizada a seu redor, sendo a mediação feita por outras pessoas particularmente fundamental na construção do pensamento e da consciência de si.

Segundo Wallon, toda pessoa constitui um sistema específico e ótimo de trocas com o meio. Tal sistema integra suas ações num processo de equilíbrio funcional que envolve motricidade, afeto e cognição, mas no qual, em cada estágio de desenvolvimento, uma forma particular de ação predomina sobre as outras.

As estruturas da consciência e da personalidade surgem, assim, dos desdobramentos e das oposições provocados pelas reações emocionais sentidas pelo bebê — choro, sorriso, gestos —, as quais são o recurso inicial de que ele dispõe para agir. Inicialmente, a emoção une o bebê e aquele que dele cuida por condições orgânicas, visto que o bebê não consegue simbolizar o que sente e, por exemplo, usar uma palavra para representá-lo. A emoção suscita reações similares ou recíprocas entre o bebê e seus parceiros à medida que negociam, por meio de suas ações, as interpretações que emprestam à situação vivida. Erguer a cabeça e fazer um movimento com o tronco pode ser interpretado pela mãe como uma intenção de passear, conforme ela leva a criança a circular pelo ambiente, apreciando-o. A criança, por sua vez, pode começar a sorrir, olhar atentamente ao redor ou mostrar-se aborrecida, exigindo da mãe novas ações, que reorganizam o contexto.

Por intermédio de seus reflexos e movimentos impulsivos, a criança exterioriza estados de satisfação ou insatisfação que são transformados em recursos expressivos, ou seja, em motivos sociais, pelas pessoas que dela cuidam. Isso se dá porque, ao suscitar na criança determinadas atitudes, as emoções provocam certas disposições específicas em sua sensibilidade e o surgimento de reações sensoriais e motoras que lhe possibilitam explorar o ambiente que a rodeia. Ao mesmo tempo, a criança torna-se hábil em usar a linguagem emocional para influir sobre seu parceiro e para reagir a uma situação. Posteriormente, o maior domínio da linguagem torna o pensamento num novo recurso de sua ação, transformando sua forma de relacionar-se com os outros. Nesse processo, a construção de cada nova função pelo indivíduo produz uma ruptura na organização que ele havia até então construído.

Em sua interação com outros indivíduos, há um processo constante de cada um deles identificar-se com o parceiro, via imitação, e diferenciar-se dele, por oposição. Wallon chama nossa atenção para o fato de cada indivíduo construir seu pensamento e a si mesmo, enquanto sujeito, pelo imergir em uma experiência interpessoal, apagando seus próprios limites e constituindo uma unidade momentaneamente indissociável com o parceiro ou com "o mundo", onde ele não distingue o que é seu (gestos, reações, opiniões e outros aspectos) daquilo que não é, para a seguir, e por isso mesmo, tentar diferenciar-se desse outro, de seu contexto, eliminando os elementos que julga alheios.

Ao imitar, a criança mostra ter interiorizado o modelo, construindo com base nele uma imagem mental e reproduzindo suas ações. Isso aparece com clareza nas brincadeiras de faz de conta. Nelas, ao imitar a mãe, dando de comer a uma boneca, exterioriza gestos e verbalizações percebidos em sua experiência pessoal. Como a mãe não está presente na brincadeira, a criança utiliza-se de uma imagem do papel de mãe para poder atuar.

Os conflitos surgidos de suas interações com outras pessoas possibilitam à criança formar representações coletivas, que ampliam seu acesso ao meio simbólico e cultural que a rodeia. À medida que se torna mais hábil em opor-se às iniciativas dos outros, em vez de imitá-los, ela deixa de confundir sua existência com tudo o que dela participa. Ao disputar um papel com um companheiro, por exemplo, ao pretender ser a mãe em uma brincadeira, um menino pode ouvir que mãe é uma mulher e ele, que é homem, não pode ser mãe. A relação eu–outro passa a ser mais diferenciada e a criança começa a reagir mais facilmente não apenas a impressões presentes, mas a lembranças e imagens.

Para saber mais

DAVIS, Cláudia; OLIVEIRA, Zilma Ramos de. *Psicologia na educação.* 2. ed. São Paulo: Cortez, 1994.

VYGOTSKY, Lev Seminovich. *A formação social da mente.* São Paulo: Martins Fontes, 1984.

_______. *Pensamento e linguagem.* 2. ed. São Paulo: Martins Fontes, 1989.

WALLON, Henri. As origens do caráter na criança. São Paulo: Difel, 1971.

_______. *Do acto ao pensamento.* Lisboa: Moraes, 1972.

Sugestão de atividade

Faça um quadro-síntese contrapondo os dois autores mencionados, seus pontos de convergência e de divergência.

VIII

O desenvolvimento humano é uma tarefa conjunta e recíproca

A experiência de conhecer crianças pequenas é muito interessante. Elas demonstram agir com inteligência e chamam nossa atenção pelas coisas que fazem, pelas perguntas que nos trazem. Desde seu nascimento, o bebê é confrontado não apenas com as características físicas de seu meio, mas também com o mundo de construções materiais e não materiais elaboradas pelas gerações precedentes, das quais, de início, ele não tem consciência. Essas construções comportam dimensões objetivas (formas de organização social, de atividade ou de trabalho, ferramentas ou obras) e dimensões representativas, codificadas especialmente pelas palavras das línguas naturais, plenas de significações e de valores contextualizados.

Desde cedo as crianças se envolvem em interações que podem ser entendidas como trocas de mensagens. Antes de poderem construir uma lógica narrativa, elas constroem uma lógica na ação, por meio de estratégias não verbais. Usam, posteriormente, procedimentos como explicações ou exigências de precisão para esclarecer suas construções. Com a experiência no ambiente linguístico, criam procedimentos inferenciais ("se... então..."), sob a forma de provocações e desafios, que oferecem ocasião para testar possibilidades, fazer verificações ou justificar ações ou pontos de vista. Com isso desenvolvem atitudes reflexivas que lhes permitem aprimorar os procedimentos da inteligência e aumentar o campo dos conhecimentos. Os saberes já adquiridos consolidam-se e a curiosidade volta-se para novos saberes.

A construção de significações, a gênese do pensamento e a constituição de si mesmo como sujeito se fazem graças às interações constituídas com outros parceiros em práticas sociais concretas de um ambiente que reúne circunstâncias, artefatos, práticas sociais e significações. Ao interiorizar formas de interação social já vivenciadas, o indivíduo se apropria de estratégias para memorizar, narrar, solucionar problemas etc., criadas pelos grupos humanos com os quais ele partilha experiências. Com isso, formas concretas de organização das atividades humanas em um meio sociocultural específico geram normas, regras e valores sempre potencialmente conflituosos e confrontantes, podendo ser confirmados, desaparecer ou diversificar-se.

Em todo esse processo, o afeto é um regulador da ação, influindo na escolha ou rejeição de determinados objetivos e na valorização de determinados elementos, eventos ou situações por parte da criança. Além disso, o afeto inclui expressividade, a exteriorização de certos estados emocionais socialmente elaborados em uma cultura. Contudo, em qualquer atividade humana, afeto e cognição são aspectos inseparáveis. Embora presentes em proporções variáveis, permitem ao indivíduo construir noções sobre objetos, pessoas e situações, conferindo-lhes atributos e valores.

Na verdade o bebê é um ser ativo e agente de seu próprio desenvolvimento que, já ao nascer, apresenta certa organização comportamental e algumas condições para perceber e reagir às situações, sobretudo aos parceiros diversos que formam seu meio humano. Além disso, não apenas cada criança se modifica nesse processo, mas também os adultos e as demais crianças que com ela interagem têm oportunidades para se desenvolver.

Os bebês nascem com estruturas pré-adaptadas para iniciar, manter e terminar interações com parceiros humanos e realizam, desde o nascimento, verdadeira atividade de pesquisa do real, o qual constantemente põem à prova. Os bebês procuram modular seus meios de expressão, mesmo os mais rudimentares (gritos, gesticulações), para obter a satisfação de suas necessidades fisiológicas, afetivas e cognitivas e construir significados.

Por outro lado, a grande imaturidade motora dos bebês lhes impõe um período longo de dependência de outros seres humanos. Com isso, durante o período inicial do seu desenvolvimento, o agir do bebê sobre o mundo tem de ser mediado por outras pessoas, que lhe respondem e o estimulam nesse processo. Ao realizar uma tarefa com essas pessoas — uma atividade de cuidado pessoal (tirar o agasalho ou guardar seus pertences) ou de exploração do meio (puxar um brinquedo colocado embaixo de uma almofada, empilhar objetos, classificá-los, narrar uma história) —, a criança desenvolve formas mais complexas de agir em relação a objetos, de estabelecer relações sociais, de simbolizar o mundo e de perceber suas próprias necessidades.

Sendo ação partilhada, a interação é influenciada por características de ambos os parceiros. A contribuição da criança evidentemente dependerá de seu nível de desenvolvimento, o qual, por sua vez, vai influenciar a resposta da mãe ou daquele que dela cuida. Este, em suas relações com a criança, empreende uma diligência ativa para integrá-la a formas de ação já construídas em sua cultura: cria situações em que lhe apresenta normas para agir e se relacionar com os outros. As interações da criança com seus parceiros sociais provocam confrontos de significações e incentivam os parceiros a considerar as intenções dos outros e superar contradições que surjam entre eles. Com isso, ela constitui formas mais elaboradas de perceber, memorizar, solucionar problemas, lembrar-se de algo, emocionar-se com alguma coisa, formas essas historicamente construídas.

Fator importante no desenvolvimento das interações é a maneira como a criança é representada por seu meio social. Já ao nascer, ela é, para seus familiares, um ser cheio de significados simbólicos e afetivos e certas expectativas são criadas em torno dela, a depender do grupo social a que pertence. A família organiza o cotidiano da criança de acordo com a maneira como seus membros adultos entendem as possibilidades de desenvolvimento de que ela dispõe e as expectativas por eles formuladas. Se pensam que o bebê não tem ainda suas capacidades para ver e ouvir formadas, procuram deixá-lo protegido de estímulos. Se, ao contrário, acreditam que tais capacidades são formadas a partir do nascimento, procuram colocá-lo em lugares onde possa gradativamente ver, manipular objetos e acompanhar sons produzidos ao seu redor. Caso acreditem que a criança de dois, três, quatro ou cinco anos deva ser posta apenas para brincar com carrinhos ou bonecas, correr e andar de velocípede, os pais descuidam de contar-lhe histórias e de apresentar-lhe livros ilustrados para que os examine. Com isso as crianças têm diferentes oportunidades de formar suas funções psicológicas.

O estabelecimento de uma relação afetiva entre o bebê e as pessoas de seu entorno é, portanto, considerado fundamental na perspectiva sócio-histórica, mas não apenas nela. O psiquiatra inglês John Bowlby, baseado em um referencial psicanalítico e em estudos etológicos, formulou, em 1962, uma teoria denominada "teoria do apego" ou "teoria da ligação afetiva", segundo a qual, para ter um desenvolvimento psicológico normal, a criança deveria estabelecer, durante os primeiros anos de vida, um vínculo afetivo, uma relação contínua e íntima com uma figura materna, a mãe ou quem a substituísse. A função dessa relação para a espécie seria a manutenção de uma proximidade entre mãe e bebê que assegurasse o contato sempre que necessário, favorecendo o aprendizado com base na observação de modelos. Essa visão, chamada de "monomátrica" (uma mãe), foi, entretanto, questionada por vários autores, até por meio de dados empíricos. Assim, a noção de apego foi ampliada de modo que abrangesse outras figuras-alvo, cujo número dependeria do ambiente social da criança: família extensa ou família nuclear.

O trabalho formativo originado da interação com parceiros prolonga-se por toda a vida, notadamente pela educação escolar, e garante a aquisição, reprodução e transformação das significações sociais construídas na história da espécie. Com isso, amplo campo de transformação pessoal abre-se para a criança.

No contexto da educação escolarizada, as condições para o professor atuar como recurso de desenvolvimento para a criança dependem muito das características e necessidades dela e dos significados que um e outro emprestam à situação vivida, geralmente muito pouco concordantes. No mais das vezes, tais condições referem-se à capacidade do professor de estabelecer relações com as crianças pelo uso de diferentes canais expressivos e linguísticos.

O estabelecimento de vínculos entre a criança, o professor, os colegas e os objetos de conhecimento é possibilitado ou dificultado pelo afeto, que suscita motivos para a ação. A motivação para aprender surge à medida que a criança busca dominar algo como meio de satisfazer certas necessidades. Ser colocada em um ambiente que não lhe desperte medo, mas a incentive a explorá-lo, ter sua atenção dirigida a aspectos significativos para si mesma são elementos que ampliam o sucesso da criança na grande aventura de conhecer. Esse processo é coordenado pela inteligência, que representa a eficácia de um indivíduo em administrar conhecimentos disponíveis ou construir outros novos, tendo em vista a realização de um projeto.

Uma visão tradicional de inteligência a define como uma competência individual inata que pouco mudaria qualitativamente ao longo do tempo e estaria comprometida com aspectos lógico-matemáticos e linguísticos das ações humanas, podendo com base neles ser medida. Os conhecimentos hoje elaborados com apoio de pesquisas atestam que a inteligência inclui um conjunto diversificado de competências que podem ser afetadas pelo ambiente e está associada a grupos, e não a indivíduos. Determinados ambientes ou situações estimulam mais respostas inteligentes do que outros. Dessa forma, o olhar acerca da inteligência infantil deixa de pôr em foco cada criança e se volta à análise de seu contexto de desenvolvimento, incluindo aí a própria ação dos parceiros adultos, que constroem por ela respostas inteligentes. Com isso, as creches e pré-escolas deixam de ver a inteligência como algo que algumas crianças têm e outras não e de compará-las quanto a esse aspecto.

A motricidade, a afetividade, a inteligência e a cognição são faces de um mesmo processo de construção coletiva. De acordo com as novas concepções, as instituições de Educação Infantil devem privilegiar a organização de contextos de atividades que levem todas as crianças ao desenvolvimento da inteligência e da capacidade de criar expectativas, esperanças, fatos, artefatos, princípios, conceitos etc.

As interações criança–criança como recurso de desenvolvimento

O estudo do papel do educador junto às crianças não pode descuidar do exame das relações que elas estabelecem entre si nas diferentes situações. Atos cooperativos, imitações, diálogos, disputas de objetos e mesmo brigas, entre tantos outros, são grandes momentos de desenvolvimento. Todas essas situações são frequentes nas creches e pré-escolas, devendo os professores criar condições para lidar positivamente com elas.

No início do debate entre pesquisadores sobre a creche, na década de 1970, apontava-se o problema da possível ruptura, em uma idade precoce, da relação do bebê com sua mãe e a inconveniência, para a criança pequena, de frequentar um ambiente coletivo de educação, onde poderia ser submetida a um processo massificador e contar com poucas oportunidades para desenvolver uma identidade pessoal. Dirimindo esses fantasmas iniciais, pesquisas recentes têm destacado o valor positivo da experiência extrafamiliar no desenvolvimento infantil, a qual promove a curiosidade mútua das crianças e a identificação e a empatia entre elas. A mesma psicanálise, que alertava sobre o perigo do rompimento do vínculo mãe–criança quando da entrada na creche, porque isso não possibilitaria a competição entre as crianças pelo amor da mãe, tem fornecido elementos que confirmam a importância da relação entre as crianças.

A função dos companheiros de idade é a de polarizar atenções recíprocas, constituindo fonte de interesse, imitação e percepção de diferenças. As interações que as crianças estabelecem entre si — de cooperação, confrontação, busca de consenso — favorecem a manifestação de saberes já adquiridos e a construção de um conhecimento partilhado: símbolos coletivos e soluções comuns. Para tanto, elas devem ser encorajadas a explorar seus interesses e ideias. O patrimônio de conhecimentos coletivamente construídos vai se expandindo para outras situações; cada ideia é levada adiante com algumas modificações.

Fazer parte de um grupo de crianças envolve camaradagem e relações privilegiadas, demonstração de interesse pelo que ocorre com o outro, ajuste de objetos de atenção e de formas de sintonização recíproca. A atividade de outra criança atrai o olhar por marcar certos objetos como potencialmente interessantes, dentro de um grande mecanismo de partilha de significados. Quando uma criança consola outra, parece sentir a dor da companheira, e não apenas reproduz aquilo que já observou um adulto fazer. Contudo, as relações privilegiadas que as crianças estabelecem entre si não são só de amizade, mas também de ciúme, criando situações difíceis para o professor.

As interações criança–criança são ricas em conteúdos e variam nos diferentes contextos, em consequência de elementos como o tamanho do grupo, os objetos disponíveis, o tipo de atividade etc. Quando crianças pequenas trabalham em pequenos grupos com atividades adequadas a seu nível de desenvolvimento e a seus interesses (jogos de ficção, experimentações físicas, problemas lógico-matemáticos etc.), passam a construir sequências de trabalho em que se mostram capazes de inventar e desenvolver iniciativas.

Além disso, na relação com os parceiros, aprendem que ser membro de um grupo envolve competências para aquiescer e contrapor-se, em momentos variados, ser dependente ou independente, líder ou seguidor, além de refletir sobre o que significa ser justo, verdadeiro, belo. É uma valiosa arena de crescimento pessoal.

Para saber mais

CRUZ, Maria Nazaré; SMOLKA, Ana Luiza. Gestos, palavras, objetos: uma análise de possíveis configurações na dinâmica interativa. In: OLIVEIRA, Zilma Ramos de (Org.). *A criança e seu desenvolvimento*. São Paulo: Cortez, 1995. p. 67-84.

NOGUEIRA, Ana Lúcia Horta. *O sujeito e as normas*: as práticas discursivas na instituição escolar. 2001. Tese de doutoramento — Faculdade de Educação, Campinas, Unicamp.

Sugestão de atividade

Acreditamos que o capítulo requer um trabalho mais sistematizado de entendimento dos conceitos trabalhados. Por que foi dito que desenvolver-se é uma tarefa *conjunta* e *recíproca*? Como as interações adulto–criança criariam condições para a criança desenvolver-se? E como atuariam as interações criança–criança no mesmo processo?

Procure observar e registrar em vídeo, áudio ou com lápis e papel situações de interações adulto–criança e criança–criança.

IX

O desenvolvimento da motricidade, da linguagem e da cognição

O indivíduo vive imerso em um espaço em que tanto ele quanto os objetos que o rodeiam formam um conjunto de relações que se estruturam com grande complexidade: daí a necessidade de percebê-las, reconhecê-las e representá-las mentalmente. O desenvolvimento dele dar-se-á pela apropriação de linguagens e de formas cognitivas mais complexas existentes em seu entorno cultural, a qual ocorre nos inúmeros momentos em que ele estabelece e percebe relações com elementos de sua cultura e as avalia.

1. O desenvolvimento da motricidade

Desde o nascimento, graças à maturação do sistema nervoso e à realização de tarefas variadas com diferentes parceiros em situações cotidianas, a criança desenvolve seu corpo e os movimentos que com ele pode realizar. Os mecanismos que usa para orientar o tronco e as mãos em relação a um estímulo visual, por exemplo, são complexos e acionados à medida que ela manipula e encaixa objetos, lança-os longe e os recupera, os empurra e puxa, prende e solta. Locomove-se, assume posturas e expressa-se por gestos, que são cada vez mais ampliados.

De início o recém-nascido apenas pode diferenciar seu próprio corpo do mundo que o rodeia. Depois toma a si mesmo como referência para perceber o entorno. Ao movimentar o corpo no espaço, recebe informações próprio-perceptivas (cinestésicas, labirínticas) e externo-perceptivas (especialmente visuais) necessárias para interpretar e organizar as relações entre os elementos, formulando uma representação daquele espaço.

A motricidade também se desenvolve por meio da manipulação de objetos de diferentes formas, cores, volumes, pesos e texturas. Ao alterar sua colocação postural conforme lida com esses objetos, variando as superfícies de contato com eles, a criança trabalha diversos segmentos corporais com contrações musculares de diferentes intensidades. Nesse esforço, ela se desenvolve.

Se, até aproximadamente os seis anos, a criança tem uma perspectiva egocêntrica na sua percepção das relações que estabelece com elementos do espaço — proximidade e distância, ordem e inclusão, continuidade e ruptura etc. —, a partir daquela idade vai assumir cada vez mais pontos de vista externos a si mesma para compreender o mundo.

2. O desenvolvimento linguístico

Os recursos de que as crianças dispõem, contudo, não constituem apenas atos motores, mas são instrumentos para a realização de atividades simbólicas, como, por exemplo, marchar para ser um soldado ou arrastar-se com cuidado para ser um explorador de tesouros, simbolismos que aprende de sua cultura.

Além disso, a criança nasce em um mundo onde estão presentes sistemas simbólicos diversos socialmente elaborados, particularmente o sistema linguístico. Este perpassa as atividades produzidas no ambiente humano em que a criança se desenvolve e permite-lhe apropriar-se da experiência das gerações precedentes.

A capacidade de adquirir a língua de seu grupo é uma característica específica da espécie humana e supõe um equipamento anatômico e neurofisiológico adaptado, particularmente órgãos periféricos e sistema nervoso central apropriados e em adequado estado de funcionamento. Contudo, a aquisição de linguagem é um processo sócio-histórico.

A formação de neurônios e sua migração para regiões apropriadas do cérebro são efetuadas quase que inteiramente durante o período de desenvolvimento pré-natal. Entretanto, as fases neurais da linguagem não se restringem definitivamente ao momento do nascimento. O córtex cerebral é dotado de grande plasticidade funcional durante os primeiros anos de vida. A especialização do hemisfério esquerdo para a linguagem, mesmo que dependa de uma disposição pré-formada, só se estabelece progressivamente, graças às interações da criança com parceiros linguísticos de seu ambiente.

O desenvolvimento da linguagem apoia-se em forte motivação para se comunicar verbalmente com outra pessoa, motivação parcialmente inata, mas enriquecida durante o primeiro ano de vida nas experiências interpessoais com a mãe, pai, irmãos e outros educadores.

As crianças engajam-se, desde o primeiro momento, em um processo de comunicação no qual são estimuladas a desenvolver procedimentos que lhes permitem questionar o mundo e apropriar-se dele. Desde cedo o entorno humano empreende uma diligência ativa de integração do bebê em formas pré-construídas da língua: nas atividades conjuntas, parceiros mais experientes apresentam-lhe normas relativas tanto aos comportamentos e às formas de relações interpessoais como às palavras da língua e suas condições de uso.

Com base nisso, as crianças se apropriam progressivamente das regras de ação e de comunicação que surgem em seu entorno, pondo-as em prática em sua atividade e em suas primeiras produções verbais. Em seguida, interiorizam tais regras e elaboram uma linguagem interior constituída de significações verbais contextualizadas e organizadas de acordo com uma lógica da ação, ou lógica implicativa. Cada descoberta provoca novas interrogações.

O desenvolvimento da capacidade de perceber e produzir sons da fala é o precursor mais direto da linguagem. Os bebês logo discriminam sons, são sensíveis a entonações, passam seletivamente a reagir a sons próprios de sua língua materna enquanto esquecem outros. Tal desenvolvimento vai se enriquecer com a formação da capacidade tanto de categorização de objetos, que será a base da denominação e da referência, como de imitação e memória, necessárias para reproduzir padrões vocais e gestuais. Esse trabalho formativo se prolongará por toda a vida, especialmente por meio da educação escolar, e garantirá a aquisição, reprodução e transformação das significações sociais culturalmente construídas.

Durante o primeiro ano de vida, diferentes capacidades comunicativas e cognitivas convergem para formar, em torno dos oito a dez meses, um conjunto de habilidades necessárias à emergência da competência linguística propriamente dita. Nessa fase há um início de compreensão, quando a criança dá respostas apropriadas a certos pedidos ou proibições. Logo se observa uma etapa de produção das primeiras palavras (em torno dos onze a treze meses) e uma de explosão do vocabulário (entre dezoito e vinte meses), quando a criança experimenta a possibilidade de generalizar os vocábulos que domina. A emergência da capacidade de combinar palavras, ainda que de modo telegráfico, é detectada em torno dos vinte meses, sendo seguida de um período de gramaticalização (com início variado), quando a criança se preocupa em dominar a estrutura de sua língua, embora com criações próprias (ex.: "Eu bebi e fazi").

O sistema linguístico é operável em torno dos quatro a cinco anos, época em que a criança domina o essencial do sistema fonológico, conhece o sentido e as condições de uso de muitas palavras em sua cultura e utiliza corretamente a maior parte das formas morfológicas e sintáticas de sua língua. A partir dos cinco anos, ocorrem novos progressos: o domínio de certas estruturas linguísticas mais complexas (o modo condicional e a voz passiva), a reorganização semântica progressiva dos subsistemas linguísticos (a criança emprega um mesmo termo em um sentido diferente do sentido do adulto), o desenvolvimento de artigos e pronomes que asseguram coesão a seus discursos e o desenvolvimento da capacidade de ajustar sua fala a seu interlocutor (por exemplo, à idade ou ao papel social dele), além da preocupação com a correção das palavras e frases e da brincadeira com a linguagem, quando a criança, com frequência e de modo proposital, rompe algumas regras e convenções. Tal sistema continua a se reorganizar e aperfeiçoar até a pré-adolescência, enriquecido pelas experiências culturais das crianças, particularmente por sua vivência escolar.

3. A construção do pensamento infantil

O processo de aprendizagem, como já visto, evolui de uma participação imitativa sincrética, em que o parceiro mais experiente — geralmente o professor, mas pode ser também outro aluno ou o discurso existente no livro didático — empresta à criança suas funções psicológicas — sua forma de selecionar e relacionar elementos, levantar hipóteses etc. até que ela possa apresentar um modo autônomo de apreender a tarefa e as posições nela envolvidas.

A construção social dos conhecimentos em ambientes socioculturais específicos depende assim da comunidade de intercâmbio à qual pertence o aprendiz e dos ambientes de aprendizagem criados como recurso para a aprendizagem. Nesses ambientes, tempos, espaços e atividades definem práticas sociais que trabalham diferentes competências ou instituem ritos de formação de habilidades e atitudes julgadas básicas para o desenvolvimento social das novas gerações. Saber mais sobre esse processo requer um aprofundamento de nosso conhecimento acerca das relações entre pensamento e linguagem.

De início, pensamento e linguagem têm origens diversas. Há o pensar sensório-motor e a linguagem não cognitiva, por exemplo, os balbucios. No entanto, ambos os elementos convergem no desenvolvimento para a formação do pensamento discursivo.

A habilidade da criança para refletir sobre a definição de uma palavra é uma capacidade multifacetada e de lento desenvolvimento, com precursores cognitivos e linguísticos. Na fase inicial de formação do conceito, a busca das qualidades plásticas da palavra — ritmos, modulações, consonâncias — desempenha uma função importante, pois, para a criança pequena, a palavra não tem ainda força para dirigir seu pensamento.

Incapaz de definir uma impressão, a criança simplesmente a exprime, usando uma linguagem exclamativa. Incapaz de "pensar" um fenômeno, fixando suas características essenciais e descartando as acessórias, ela verbaliza apenas seus elementos mais notáveis.

A narrativa da criança pequena é, inicialmente, um relato enumerativo de origem perceptiva e motora, reunindo objetos segundo a relação deles na atividade. O relato infantil de determinado caso ou evento não busca o equilíbrio entre causas e efeitos, a proporcionalidade entre ação e resultado, a coerência entre as partes. É formado pelo encadeamento de circunstâncias organizado segundo locuções ("então", "depois"), sendo a própria relação de tempo simples coincidência de circunstâncias.

A descrição de algo pela criança requer-lhe coordenar as próprias impressões e processos mentais. Implica processo gestual, ideomotor, ou identificação do objeto consigo mesmo, estabilizando-o. Por sua vez, as tarefas de definir e de explicar supõem um movimento de isolamento de palavras dentro de um universo e sua reintegração em um todo, trazendo elementos perceptuais, linguísticos e cognitivos de modo fortemente indissociável.

Para representar algo, a criança deve exteriorizá-lo como um objeto distinto, por meio de imagens que eliminem os elementos subjetivos e acentuem os traços mais estáveis e gerais. Contudo, essas imagens, das mais concretas às mais abstratas, acham-se combinadas com atos e situações vividas. Isso faz com que a experiência da criança apareça mesclada com seus desejos, lembranças e rotinas. Por isso, ao tentarem responder sobre o significado de uma palavra que lhes é apresentada, as crianças muitas vezes reúnem elementos de experiências anteriores e os ajustam a aspectos distintivos de cada situação.

Essa colagem de experiências, responsável pela definição das palavras, oferece um contexto de referência criado por fragmentos de discursos e memórias de situações. Com isso, os diferentes sentidos que uma palavra pode ter alternam-se, substituem-se, excluem-se, confrontam-se, dissociando o pensamento e produzindo dissonância.

Algumas vezes as crianças se referem a um conceito de modo mais descritivo ("*leitura*" *é o que nós escreve e que na volta nós tem que lê*; *é escrever, fazer lição*; «*governo*» é o *homem falando ao microfone ou o homem com a faixa*), por fazerem parte de algo que já viveram. Já quando os conceitos são apresentados a outras crianças, suas respostas mostram-se menos diferenciadas. Por exemplo: dizem "*leitura*" é letra, ou respondem que "*aids*" é pra tomar vacina, ou que "*governo*" é a estrela.

As respostas infantis parecem indicar a dificuldade do pensamento de identificar, diferenciar e relacionar sucessão, causalidade e pertinência de elementos, de estabelecer relações como as de lugar, tempo, movimento e causalidade. Ou lugar e tempo são tratados como causa, ou não são determinados. Ora a criança usa explicações causais circulares ou mistura tipos de causalidade em uma mesma explicação, ora justapõe explicações ani mistas e mecânicas, explicações pela substância ou pela qualidade. Quando discutem sobre o que acham que é aids, identificam-na com doenças em geral (*gente cheia de machucados, problema do coração*) ou com doenças transmissíveis (*eu não sei se é dengue, ou pernilongo, ou mosquito*).

A criança, contudo, tem dificuldade para articular os conteúdos provenientes das diversas fontes não apenas em virtude de um estado de imaturidade cerebral, mas também pela heterogeneidade de experiências a que cada conceito se refere. Na verdade, os ambientes linguísticos em que ela se insere desempenham papel fundamental no aumento ou superação das confusões, o que novamente desloca o olhar sobre a criança, vista isoladamente, para o contexto em que ela vive.

Os discursos dos professores, dos pais e da mídia interagem com as condições psicológicas das crianças em cada idade, produzindo importante combinação de processos pelos quais signos culturais são pessoalmente interpretados e apropriados por elas. Assim, no processo educativo, as iniciativas das crianças de atribuir sentido são confrontadas não apenas com aspectos perceptivos dos objetos e com relações que elas podem cognitivamente estabelecer com base neles, mas também com associações e explicações de senso comum, mitos ou representações sociais, discursos científicos, religiosos, políticos ou sanitários, e com as definições dos professores.

Na realidade, a capacidade da criança de recombinar sinais e sentidos, respondendo de forma sempre nova a cada situação — característica da criatividade humana —, interage com a tentativa sistemática das instituições educacionais de controlar suas respostas, incluí-las em moldes determinados que ofereçam ilusório compartilhar de sentidos, provisória estabilidade, constantemente desafiada. Para superar essa barreira, devemos transformar as formas como as práticas educativas são pensadas e considerar a interação social como o elemento mais importante para promover oportunidades de aprendizagem e desenvolvimento.

Para saber mais

WALLON, Henri. *As origens do pensamento na criança*. São Paulo: Manole, 1989.

Sugestão de atividade

Procure observar crianças de diferentes idades. O foco da observação pode ser o desenvolvimento motor, a linguagem ou o pensamento conceitual. Neste último caso, as crianças com mais de três anos podem ser convidadas a definir palavras, respondendo: "*O que é X?*" (sendo *X* coisas variadas).

X

A brincadeira e o desenvolvimento da imaginação e da criatividade

Pesquisas sobre o jogo, realizadas de diferentes perspectivas teóricas, revelam que várias espécies de mamíferos ocupam-se em simular perseguições e fazer explorações do meio desligadas de objetivos de mera sobrevivência. Essas atividades visam à aquisição de comportamentos considerados necessários à vida adulta desses animais. O jogo humano difere, contudo, de modo significativo dessa situação, por requerer a capacidade de se relacionar com diferentes parceiros e com eles comunicar-se por meio de diferentes linguagens, para criar o novo e tomar decisões. É algo culturalmente determinado.

O jogo simbólico ou de faz de conta, particularmente, é ferramenta para a criação da fantasia, necessária a leituras não convencionais do mundo. Abre caminho para a autonomia, a criatividade, a exploração de significados e sentidos. Atua também sobre a capacidade da criança de imaginar e de representar, articulada com outras formas de expressão. São os jogos, ainda, instrumentos para aprendizagem de regras sociais.

Ao brincar, afeto, motricidade, linguagem, percepção, representação, memória e outras funções cognitivas estão profundamente interligados. A brincadeira favorece o equilíbrio afetivo da criança e contribui para o processo de apropriação de signos sociais. Cria condições para uma transformação significativa da consciência infantil, por exigir das crianças formas mais complexas de relacionamento com o mundo. Isso ocorre em virtude das características da brincadeira: a comunicação interpessoal que ela envolve não pode ser considerada "ao pé da letra"; sua indução a uma constante negociação de regras e à transformação dos papéis assumidos pelos participantes faz com que seu enredo seja sempre imprevisível.

Por meio da brincadeira, a criança pequena exercita capacidades nascentes, como as de representar o mundo e de distinguir entre pessoas, possibilitadas especialmente pelos jogos de faz de conta e os de alternância, respectivamente. Ao brincar, a criança passa a compreender as características dos objetos, seu funcionamento, os elementos da natureza e os acontecimentos sociais. Ao mesmo tempo, ao tomar o papel do outro na brincadeira, começa a perceber as diferentes perspectivas de uma situação, o que lhe facilita a elaboração do diálogo interior característico de seu pensamento verbal.

A brincadeira permite a construção de novas possibilidades de ação e formas inéditas de arranjar os elementos do ambiente. Os objetos manipulados na brincadeira, especialmente, são usados de modo simbólico, como um substituto para outros, por intermédio de gestos imitativos reprodutores das posturas, expressões e verbalizações que ocorrem no ambiente da criança. Por exemplo, ela pega um toco de madeira e o usa como um pente, passando-o cuidadosamente sobre a cabeça. Mais tarde, a reprodução das situações é menos memória em ação e *mais* comportamento baseado em regra. A criança pode apenas fazer um gesto, sem usar qualquer objeto, para simular estar se penteando ou ainda pode dizer: "Já me penteei!", sem executar um ato observável, e essa declaração ser usada por ela e seus companheiros como integrante do enredo que está sendo criado.

Ao imitar o outro, as crianças necessitam captar o modelo em suas características básicas, percebendo-o em sua plasticidade perceptivo-postural, conforme se ajustam afetivamente a ele. Com isso decodificam o conjunto de impressões que captam do outro, experimentando diversas possibilidades de ações no meio em que estão inseridas e diferenciando os elementos originais trazidos para a situação presente. Isso permite ao indivíduo como que recuperar o passado no presente, ao mesmo tempo em que este é projetado para o futuro, abrindo-se para o novo.

O campo interpsicológico produzido pelas interações infantis nas brincadeiras, quando a criança e seus parceiros confrontam suas próprias "zonas de desenvolvimento proximal", nos termos de Vygotsky, leva-os a representar a situação de forma cada vez mais abstrata e a construir novas estruturas autorreguladoras de ação, ou seja, modos pessoais historicamente construídos de pensar, sentir, memorizar, mover-se, gesticular etc.

Podemos dizer, assim, que a base de toda ação criativa reside em uma inadaptação experimentada pelo indivíduo em relação ao meio, a qual cria necessidades e desejos, exigindo novas respostas. A ação criativa, por sua vez, necessita da imaginação, que depende de rica e variada experiência prévia e se desenvolve especialmente por meio da brincadeira simbólica. A criatividade assim possibilitada daria condições para o indivíduo constituir-se em um ambiente em contínua mudança, em que ocorre constante recriação de sentidos.

Necessidades e desejos formulados no processo de adaptação do indivíduo a uma situação, particularmente a situações construídas no faz de conta, condicionam percepções que são trabalhadas pela seleção e dissociação de elementos extraídos das impressões sensoriais. Tais elementos, alterados e distorcidos pela imaginação, são depois recombinados, formando um sistema, que será posteriormente cristalizado em uma obra. Essa encarnação da fantasia passa, então, a existir no mundo e a influir sobre outros objetos sociais, reiniciando o processo.

A imaginação desenvolve-se por toda a vida. Ela é livre, embora ainda pobre na criança, ao passo que o adulto, por ter uma experiência mais diversificada, pode experimentar uma função imaginativa extremamente rica e madura.

Há recíproca vinculação entre imaginação e emoção. Ao mesmo tempo em que as imagens da fantasia selecionam e recombinam elementos da realidade segundo o estado interior do indivíduo, os sentimentos e alegrias de personagens imaginários o emocionam.

Essas reflexões podem colaborar para discutir a questão da criação humana de um modo que não enxergue a genialidade como atributo inato, abrindo caminho para a promoção de experiências educativas que a estimulem. Se a experiência é o alimento da imaginação, os inventos científicos, as produções artísticas e também os sistemas políticos e as relações interpessoais são seus frutos. Por sua vez, grandes descobertas resultam do acúmulo de experiência prévia coletiva. Inventar algo não é tarefa de um gênio isolado. Mesmo os indivíduos considerados geniais operam com as possibilidades existentes a seu redor, sendo a obra criadora, portanto, um fato histórico. Ela não aparece antes que sejam produzidas as condições materiais e psicológicas necessárias a seu surgimento.

Em outras palavras: para se desenvolver, a função imaginativa depende da experiência, das necessidades e interesses, da capacidade combinativa exercitada na atividade de dar forma material aos seus frutos – os conhecimentos técnicos e as tradições, ou seja, os modelos de criação que influem no ser humano.

Para saber mais

BROUGÈRE, Giles. *Jogo e educação*. Porto Alegre: Artes Médicas, 1998.

KISHIMOTO, Tizuko Morchida (Org.). *O brincar e suas teorias*. São Paulo: Pioneira, 1998.

OLIVEIRA, Zilma Moraes Ramos. *Jogo de papéis*: um olhar para as brincadeiras infantis. São Paulo, Cortez, 2011.

Sugestão de atividade

Observar brincadeiras de crianças em pequenos grupos, procurando acompanhar como são construídos os enredos de faz de conta. Com base nisso, discutir: o que é imitação e o que é criação no jogo simbólico?

XI

A parceria com a família na educação da criança

Historicamente, a família tem sido considerada o ambiente ideal para o desenvolvimento e a educação de crianças pequenas. Essa é a posição de alguns sistemas educacionais, que sustentam que a responsabilidade da educação dos filhos, particularmente quando pequenos, é da família, e assumem um papel de meros substitutos dela, repetindo as metas embutidas nas práticas familiares.

Outros sistemas assumem uma perspectiva diferente e, por defenderem uma partilha de responsabilidades entre família e comunidade ou o Estado, tomam para si funções educativas específicas segundo diferentes argumentos: compensação de carências econômicas e/ou culturais, especificidade das aprendizagens escolares, liberação do indivíduo do peso de culturas particulares.

Hoje, a aproximação da instituição educativa com a família incita-nos a repensar a especificidade de ambas no desenvolvimento infantil. São ainda muitos os discursos sobre o tema que tratam a família de modo contraditório, considerando-a ora como um refúgio da criança, ora como uma ameaça ao seu pleno desenvolvimento. Em geral, tais discursos pouco levam em conta os fatores econômicos e sociais que presidem a organização familiar, a divisão de tarefas no lar, o tempo que cada membro da família pode dedicar à criança.

Grande parte das instituições de Educação Infantil veem o lar como arena livre de tensões, como refúgio onde reina a harmonia e onde todos os membros partilham os mesmos interesses. Desprezam as diversas formas de arranjo familiar vigentes hoje, mantendo a imagem de uma família nuclear — na qual o pai cuida de prover os recursos necessários à sobrevivência física e a mãe é a grande responsável pela educação da prole e pela harmonia cotidiana — como o ambiente correto para o bom desenvolvimento infantil. Separações de casais, famílias monoparentais, uniões informais, uniões homossexuais etc. são consideradas perigosas ao bom desenvolvimento psíquico e moral das crianças. Ademais, o pai não é tratado como figura privilegiada de educador.

Para trabalhar de modo produtivo no estabelecimento de uma aproximação com as famílias, os professores de creches e pré-escolas devem considerar que a família nuclear típica da cultura burguesa não é, hoje, a única referência existente. Além disso, as condições de trabalho existentes em nossos dias produzem problemas numerosos e diversificados a respeito da guarda da infância. Com isso, as famílias são obrigadas a constituir diferentes ambientes para seus membros, os quais estão também em permanente mudança.

A cultura da violência (física ou simbólica) presente em muitas famílias (agressões, espancamentos, ameaças, castigos, humilhações), os abusos sexuais existentes em muitas delas, a diminuição da disponibilidade de tempo que os pais têm para ficar com os filhos, o conhecimento de casos de abandono da criança (desde não lhe trocar a fralda por muitas horas até trancá-la no quarto ou deixá-la por longo tempo vendo TV) arranham a imagem da família como ambiente protetor de sua prole. Não obstante isso, a família não pode ser destituída de seu papel de importante agência educativa dos filhos em proveito da creche ou pré-escola.

Infelizmente, tem-se observado que a corresponsabilidade educativa das famílias e da creche ou pré-escola orienta-se mais para recíprocas acusações do que por uma busca comum de soluções. As equipes das creches e pré-escolas, apesar de reconhecerem a importância do trabalho com a família, costumam considerá-la despreparada e menos competente que o professor, particularmente em se tratando de famílias de baixa renda ou famílias formadas por pais adolescentes. Os professores declaram-se insatisfeitos por aquilo que entendem ser ausências e descompromissos dos pais com os filhos. E se aborrecem quando os pais contestam o trabalho da instituição e buscam controlar o que é proposto a seus filhos.

A gestão da relação entre a instituição educacional e a família varia conforme as situações, os sistemas, as tradições, a representação feita do papel da coletividade em relação à família e à criança. Por sua vez, o poder que os pais podem exercer na creche ou pré-escola depende de suas expectativas, representações sociais e experiência pessoal de escolarização, que, por sua vez, derivam de seu nível social.

Enquanto nos meios socioeconomicamente mais favorecidos a professora é vista pelos pais como uma concorrente educativa, nos meios sociais mais pobres os pais consideram o professor como uma figura de autoridade, alguém que sabe e controla a família. Em ambos os casos, os pais são considerados pelos professores como amadores em educação.

Há, por vezes, conflito entre os ensinamentos familiares e os propostos pela creche ou pré-escola, como ocorre em situações cotidianas (como as refeições) e em relação à linguagem e a valores. As perguntas que costumam ser feitas em virtude disso são: como relacionar as práticas educativas dessas instituições com as disposições intelectuais ou éticas produzidas pela educação familiar sobre seus filhos nas diferentes classes sociais? Qual é a influência das situações e práticas familiares sobre o desempenho das crianças na creche ou pré-escola e sobre o desenvolvimento delas como um todo? Como harmonizar as formas de autoridade exercidas pelos pais e pelo professor?

A formação inicial dos professores de Educação Infantil tem sido apontada como fonte de obstáculos para uma produtiva relação entre a instituição educacional e a família. Introduzidos nas teorias da área de modo muitas vezes inadequado, não tiveram a oportunidade de uma apreensão crítica delas. A origem social dos docentes levou-os a viver práticas educativas familiares diferentes das ideias e normas discutidas em sua formação profissional, algumas delas — como as ideias psicanalíticas — mais próximas dos valores de outros meios sociais.

Entre as fontes teóricas, a psicologia do desenvolvimento exerce grande influência na visão do senso comum acerca dos papéis e identidades dos membros de uma família, além de servir como uma bússola para orientar as ações dos familiares da criança e também dos profissionais comprometidos com as tarefas de atendê-la e educá-la. Contudo, muitas de suas concepções ainda estão enraizadas em um conceito pedagógico de cuidado realizado pela mãe em casa e ancoradas em padrões morais e sociopolíticos de classe média.

A psicologia e a medicina têm oferecido às mães alguns marcos de desenvolvimento que moldam o olhar delas sobre sua prole, levando-as a sentir preocupação com a velocidade de progresso de algumas aquisições infantis e a, frequentemente, comparar seu filho com outras crianças. Essa situação contribui para consolidar classificações e ordenações de crianças muito precocemente. Ao mesmo tempo, a mãe não é convidada a analisar a importância de influências sociais e econômicas (entre outras, padrões de classe, valores ligados à religião, gênero ou raça e possibilidades de acesso a bens e serviços) no desenvolvimento do filho, restando-lhe assumir totalmente a responsabilidade por eventuais "atrasos" ou "desvios" nesse processo. Sentimentos de culpa e acusações morais passam a pesar sobre ela, que perde assim a solidariedade de outras pessoas.

É certo que as pesquisas sobre o desenvolvimento da criança contribuem para melhorar a Educação Infantil. Contudo, a compreensão e a transformação das práticas educativas não podem se reduzir à dimensão psicológica ou médica, mas devem incluir a dimensão social, em decorrência da especificidade cultural de nossos modelos de desenvolvimento.

A defesa de certos enfoques científicos acerca das necessidades da criança é influenciada por uma perspectiva de classe social e ideológica. Por isso, alguns autores questionam o peso político dos discursos de especialistas e defendem uma definição negociada e evolutiva dos critérios de qualidade em Educação Infantil, visto que a tarefa de educar sempre implica representações e valores culturalmente definidos e incorporados às práticas dos educadores.

A família espera ser homologada em seu papel de criar uma criança que se comporta bem segundo o padrão de desenvolvimento esperado. Ela quer ser confirmada, reconhecida como boa. Os pais, todavia, fazem mais *para* a criança do que *com* a criança, o que revela um predomínio da noção de sacrifício, de peso, em vez de satisfação. Quando uma sociedade acolhe as diferenças de seus membros, ela pode acompanhar a família, respeitar-lhe o olhar, deixá-la trazer suas necessidades, opiniões e aspirações e considerá-la uma especialista em seu filho.

Esse acolhimento deve, ao mesmo tempo, possibilitar à família uma reflexão sobre suas demandas e desejos. Estes são criados no embate de uma cultura que valoriza o ter sobre o ser, que estimula competições e aponta fora do indivíduo modelos aos quais ele deve se conformar. Examinando esses pontos, pode-se abrigar as análises dos pais e familiares sobre suas insatisfações a respeito de suas crianças.

A atitude básica deve ser a de compreensão dos determinantes da ação da família, e não de censura a ela. Há que entender que pesquisas na área têm evidenciado que a carência de oportunidades de convivência social nas cidades leva as famílias a se fechar e viver modelos interpessoais carregados de emoções negativas. Superar isso exige a criação de um ambiente coletivo mais aberto nas creches e pré-escolas, o que requer estreitar as relações entre escola e comunidade e substituir o paternalismo ou o distanciamento, porventura existentes, pelo diálogo e o reconhecimento mútuos.

O peso emotivo e físico dessa tarefa é grande, exigindo que o professor elabore seus sentimentos em relação à criança e à família dela. Como a creche e a pré-escola são comunidades basicamente femininas, uma de suas dificuldades é o risco de não haver diferenciação de papéis entre a professora e a mãe, o que provoca frequentes disputas. Sentimentos de alegria e de apreensão, de culpa e de alívio, de hostilidade e de agradecimento perpassam as primeiras relações das mães com as creches e por vezes permanecem durante toda a permanência da criança nela. Verdadeiras lutas costumam ser travadas para ver quem faz mais pela criança, caso a formação dos professores não os leve a refletir sobre a questão.

O professor não tem um papel terapêutico em relação à criança e sua família, mas o de conhecedor da criança, de consultor, apoiador dos pais, um especialista que não compete com o papel deles. Ele deve possuir habilidades para lidar com as ansiedades da família e partilhar decisões e ações com ela. Se assim ocorrer, a família terá no professor alguém que lhe ajude a pensar sobre seu próprio filho e a se fortalecer como recurso privilegiado do desenvolvimento infantil.

Um passo inicial de trabalho integrado pode ser dado no período de adaptação e acolhimento dos novatos. Compete ao professor organizar-se para acolher a criança e sua família na creche ou pré-escola de modo que diminua a insegurança e a ansiedade familiares nesses momentos, as quais influem na criança, prejudicando sua inserção na instituição. Ele deve dar oportunidade para os pais explicarem por que buscam a creche e a pré-escola, visto que todos têm um interesse comum: a criança.

Os pais precisam conhecer e discutir os objetivos da proposta pedagógica e os meios organizados para atingi-los, além de trocar opiniões sobre como o cotidiano escolar se liga a esse plano. Posteriormente, a prática de reunir os pais periodicamente, para informá-los e discutir algumas mudanças a serem feitas no cotidiano das crianças, pode garantir que as famílias apoiem os filhos de forma tranquila nesses períodos, como, por exemplo, por ocasião da substituição da mamadeira, no início do treino de uso do penico etc.

Ao mesmo tempo em que se enraízam nas culturas familiares locais, as estruturas de Educação Infantil modificam também o contexto cultural de socialização da criança em todos os grupos sociais. A participação dos pais e outros familiares em conselhos escolares e na organização de festas nas creches e pré-escolas serve para agregar experiências e saberes e para aproximar os contextos de desenvolvimento das crianças, articulando suas experiências.

Para saber mais

HADDAD, Lenira. *A creche em busca de identidade*: perspectivas e conflitos na construção de um projeto educativo. São Paulo: Loyola, 1991.

Sugestão de atividade

Uma mesa-redonda poderia reunir quatro participantes com diferentes pontos de vista, representativos de grupos familiares e dos profissionais de creches e pré-escolas, para debater a relação dessas instituições com a família.

XII

A busca de uma proposta pedagógica

Delinear uma proposta pedagógica para a Educação Infantil significa pôr creches e pré-escolas diante de atraentes tarefas e sérios desafios. O modo como essas instituições historicamente se organizaram reflete o posicionamento que assumiram acerca de sua função social em face de uma dada representação de criança e de um entendimento do seu processo de desenvolvimento, entre outros fatores.

Como já foi discutido, dentro de uma visão tradicional, o ambiente privilegiado para a educação da criança pequena seria a família, que asseguraria a satisfação de suas necessidades de sobrevivência física, lhe daria um suporte emocional e o sentido de pertencer a um pequeno grupo social e lhe conferiria uma identidade básica.

A modificação de uma série de fatores ligados à inserção social das famílias e, particularmente, à entrada das mulheres no mercado de trabalho foi acompanhada pelo aparecimento de concepções que defendiam o cuidado e a educação de crianças pequenas em creches e pré-escolas como alternativas valiosas de promoção do desenvolvimento infantil. Para que isso ocorresse, foi necessário superar representações sociais que associavam essas instituições a órgãos assistenciais e de filantropia.

A integração das creches e pré-escolas nos sistemas de ensino, exigida pela Lei nº 9394/96, ampliou o debate sobre o que seria uma proposta pedagógica para essas instituições. A busca dessa proposta partiu da consideração de que todos os ambientes educacionais são culturalmente construídos, moldados por gerações de atividade e criatividade humanas e mediados por complexos sistemas de crenças ligadas aos objetivos e prioridades para a aprendizagem.

Em contextos complexos e dinâmicos, como os existentes nos centros urbanos brasileiros, as crianças podem encontrar múltiplos, competitivos e mesmo conflitantes ambientes de desenvolvimento como parte da vida cotidiana normal. O valor das experiências infantis e os "perigos" e "benefícios" de seu ambiente não podem, assim, ser separados da realidade cultural em que as crianças se desenvolvem, dos valores e objetivos que orientam suas vidas, suas experiências iniciais e trajetórias futuras.

Há que reconhecer que, se as instituições de Educação Infantil enraízam-se em uma cultura, contribuem para transformar o contexto cultural. Daí a importância de avaliar a qualidade do trabalho por elas realizado. Essa qualidade, sem dúvida, depende do que é pretendido para as futuras gerações, ou seja, de um projeto político elaborado pelas comunidades escolares.

A concretização de boas propostas pedagógicas em creches e pré-escolas inicia-se pela consideração de que os professores de Educação Infantil apropriam-se de modelos pedagógicos e de representações sociais — aprendidos em programas de formação profissional ou vividos em suas experiências pessoais — como elementos canalizadores das ações educativas, mas não os reveem criticamente nem os integram adequadamente ao seu cotidiano profissional. Além disso, as várias perspectivas históricas de trabalho com as crianças já adotadas na área — recreacional dirigida, lúdico-expressivo-espontaneísta, aprendizado centrado em tarefas e outras — continuam convivendo na prática dos docentes.

Construindo parâmetros de uma adequada Educação Infantil

Coletivamente, os profissionais atuantes em creches ou pré-escolas criam pressupostos, acordos e regras básicas que são assumidos e transmitidos por seus integrantes como modos corretos de observar, pensar e sentir em relação ao trabalho desenvolvido e aos problemas criados.

Construir uma proposta pedagógica implica a opção por uma organização curricular que seja um elemento mediador fundamental da relação entre a realidade cotidiana da criança — as concepções, os valores e os desejos, as necessidades e os conflitos vividos em seu meio próximo — e a realidade social mais ampla, com outros conceitos, valores e visões de mundo. Envolve elaborar um discurso que potencialize mudanças, que oriente rotas. Em outras palavras, envolve concretizar um currículo para as crianças.

O currículo não pode ser entendido como um plano individual predeterminado. É um projeto coletivo, uma obra aberta, criativa e apropriada para o "aqui e agora" de cada situação educativa. Ocorre com base na análise dessa situação, no estabelecimento de metas e de prioridades, no levantamento de recursos, na definição de etapas e atividades básicas, na reconstrução do projetado na interação (*inter-ação*) com as crianças, na verificação de aspectos do seu comportamento que se vão modificando no decorrer do processo. Envolve sensibilidade e uma visão de criança como alguém competente e com direitos próprios.

Planejar o currículo implica ouvir os profissionais em suas concepções e decisões, problematizar a visão deles sobre a creche e a pré-escola, evitando perspectivas fragmentadas e contraditórias, que refletem a influência das várias concepções educacionais que vivenciaram ou com que tiveram contato. Implica outrossim reconhecer as famílias como interlocutoras e parceiras privilegiadas e garantir a participação delas e da comunidade no processo, tarefas que exigem a superação de muitos obstáculos.

O planejamento do currículo, enquanto contexto de desenvolvimento, inclui a organização de grande diversidade de aspectos — os tempos e os espaços, as rotinas de atividades, a forma como o adulto exerce seu papel, os materiais disponíveis —, a depender da proposta pedagógica que cada instituição elabora para orientar sua ação dentro de um estilo cultural próprio. As experiências concretizadas devem se articular com as vivências das crianças em outros contextos, particularmente no cotidiano familiar, de modo que lhes garantam um processo integrado de desenvolvimento.

O planejamento curricular para creches e pré-escolas busca, hoje, romper com a histórica tradição de promover o isolamento e o confinamento das perspectivas infantis dentro de um campo controlado pelo adulto e com a descontextualização das atividades que muitas vezes são propostas às crianças. Tarefas ritualizadas de colorir desenhos mimeografados, de colar bolinhas de papel em folhas e outras são, com isso, substituídas por atividades de pesquisa, de troca de opiniões, de expressão pessoal.

A constante orientação do trabalho educativo deve respeitar a infância, captá-la na complexidade de sua cultura com sua pluralidade de características. A perspectiva que defendemos é a de que o projeto pedagógico daquelas instituições busque fazer o olho infantil saltar o muro, quebrar barreiras, e que o olhar dos educadores procure reconhecer aquilo que as famílias das crianças sabem, veem e esperam.

A proposta ora apresentada põe ênfase no processo, em oposição a uma pedagogia de produtos e de produtividade. O novo contexto educacional para a Educação Infantil requer estruturas curriculares abertas e flexíveis. Isso envolve nova concepção de currículo, entendido como trajetória de exploração partilhada de objetos de conhecimento de determinada cultura por meio de atividades diversificadas constantemente avaliadas.

A noção de exploração partilhada reconhece a perspectiva de que o desenvolvimento humano é tarefa conjunta e recíproca. A menção a objetos culturais de conhecimento remete à criação de contextos de aprendizagem significativa, que integre e faça avançar aprendizados já iniciados e apresente outros. O destaque às atividades diversificadas chama a atenção para dois pontos: para a individualização dos processos de aprendizagem e desenvolvimento, que ocorrem em ritmo próprio e de maneira singular a cada pessoa, e para a variedade de situações que devem ser exploradas, fugindo da mesmice e de atos mecânicos. Finalmente, a ideia de constante avaliação de atividades deve ser entendida como reconhecimento de que o envolvimento das crianças em termos cognitivos, afetivos, motores e linguísticos enriquece as propostas iniciais e lhes cria novas oportunidades de desenvolvimento.

A criatividade deve permear também o próprio ensino. Para tanto, é necessário repensar o modelo de escolarização vivido, especialmente, em muitas pré-escolas: rituais, formaturas, suspensões, lições de casa. Isso remete à crítica de uma metodologia de trabalho com os pequenos centrada no professor, com propostas de tarefas iguais para todos a serem realizadas em um mesmo ritmo, especialmente com trabalhos à mesa.

Em vez de um método único de ensino, baseado em um processo cognitivo que se julga perfeito, homogêneo e irreversível, propomos o encorajamento da familiaridade das crianças com novas situações, a legitimação, para elas, de um espaço de participação amplo e diversificado nas atividades propostas.

A definição de uma estrutura e o funcionamento de creches e pré-escolas devem seguir as normas estabelecidas pelas legislações educacionais existentes, além das referentes aos setores de obras e meio ambiente, de saúde pública e trabalhista, sem esquecer os direitos difusos e coletivos presentes em nossa sociedade, aspecto que tem transformado relações institucionais autoritárias em relações de respeito aos direitos da criança. No entanto, as estruturas e formas de funcionamento elaboradas para viabilizar as ações propostas não podem ser limitadas a uma política educativa liderada pelo sistema de ensino, visto que ela vai envolver ações nas áreas de saúde, cultura, esportes, lazer, bem-estar e programas de promoção familiar.

Para saber mais

ABRAMOWICZ, Anete; WAJSKOP, Gisela. *Creches*: atividades para crianças de zero a seis anos. São Paulo: Moderna, 1995.

CRAIDY, Carmen; KAERCHER, Gládis E. P. S. (Org.). *Educação Infantil*: para que te quero? Porto Alegre: Artmed, 2001.

DEHEINZELIN, Monique. *A fome com a vontade de comer*. Petrópolis, Vozes, 1994.

KRAMER, Sônia (Org.). *Com a pré-escola nas mãos*: uma alternativa curricular para a Educação Infantil. São Paulo: Ática, 1991.

ROSSETTI-FERREIRA, Maria Clotilde *et al*. *Os fazeres na Educação Infantil*. São Paulo: Cortez, 1998.

Sugestão de atividade

Que tal ouvir as opiniões e concepções de mães e de professores de creches e pré-escolas sobre as funções e os objetivos educacionais dessas instituições?

XIII

Educação e saúde

As crianças pequenas são um grupo etário vulnerável a vários riscos e doenças que podem ser prevenidos e controlados. Há que reconhecer que saúde e doença não são situações meramente biológicas e parte de uma natureza que se acreditaria inevitável. Cuidados adequados podem prevenir, em grande parte, doenças e riscos à integridade infantil.

Um bom planejamento das atividades de cuidado favorece a formação de competências para um autocuidado e o aprendizado de regras sociais pelas crianças, que podem assim ampliar as possibilidades de controle sobre suas condições de saúde. Com isso creches e pré-escolas garantem o direito da criança a uma educação para a saúde.

Atividades de cuidado pessoal podem ser lúdicas e promover a construção de hábitos e aprendizagem de regras. Suas metas são o desenvolvimento da autonomia e da autoestima. Isso requer boa integração com as famílias, adequada organização do ambiente, integração entre os professores e demais pessoas que trabalham na instituição para o estabelecimento de um programa que perdure por um longo período de tempo.

Os cuidados básicos são vários. De início, exige-se atenção para as condições de habitabilidade da instituição: limpeza, ventilação, insolação, segurança e higiene de seus equipamentos. Locais inseguros ou insalubres devem ser reformados de imediato. Às crianças devem ser oferecidas água potável e alimentação adequada.

Se quisermos formar certos hábitos nas crianças, precisamos criar situações que os promovam. Por exemplo, oferecer cuidados de higiene pessoal que garantam limpeza e conforto, como banhos refrescantes, rotinas coletivas de uso de penico, rotinas de higiene bucal realizadas com humor, utilizando histórias com personagens que sirvam como modelo para imitação ou expressem resistências com as quais a criança se identifica e que pode superar. Além disso, uma meta básica nessas situações é reduzir o tempo de espera para ser atendido e promover a autonomia.

As áreas para higiene pessoal devem ser bem cuidadas: pias e privadas baixas, muitos espelhos, toalhas individuais, assim como escovas de dente guardadas de modo que permaneçam limpas e sejam reconhecidas individualmente pelas crianças.

A organização do almoço para as crianças deve visar tanto a uma alimentação que propicie seu desenvolvimento físico e sua saciedade, em uma atmosfera de prazer, quanto ao aprendizado de modos apropriados de alimentar-se, definidos em uma cultura específica. Os professores costumam utilizar incentivos e proibições para conduzir esse aprendizado e "canalizar" as ações infantis em direção a determinados padrões sociais. Essa situação pode tornar-se difícil, se a criança é cobrada, por vezes de forma dura, a "comer bonitinho", enquanto seu descontrole motor é pouco trabalhado.

Como as crianças pequenas têm dificuldade de manejar corretamente talheres, mastigar alimentos e ingerir líquidos, necessitam de modelos mais experientes, de orientações individualizadas. Isso requer bom planejamento da situação como um todo, a presença de auxiliares durante as refeições e uma rediscussão das instruções, muitas vezes confusas, que os professores dão às crianças.

Refeições realizadas no sistema de *self-service* favorecem o apetite. Elas ensinam a criança a perceber o que e quanto deve comer para saciar sua fome. Aprender a lidar com os objetos (facas, garfos, colheres, pratos, copos etc.) presentes em uma situação de almoço, por exemplo, propicia à criança a formação de habilidades motoras, de hábitos de conduta e o aprendizado de representações sobre o comer.

As áreas para as refeições precisam ser especialmente organizadas. A atividade alimentar deve ser bem preparada e realizada sem pressa, apresentando-se às crianças os diversos pratos do cardápio diário em um ambiente de valorização do paladar, dos bons modos à mesa e do partilhar a refeição com amigos. O cardápio do dia pode ser exposto na entrada da creche ou pré-escola para ciência diária dos pais. A possibilidade de fazer o próprio prato de almoço, escolhendo o que e quanto vai comer, deve ser propiciada ainda na creche, para os mais velhos, e continuar na pré-escola. Dessa forma desenvolve-se a autonomia da criança, defendida na proposta pedagógica da instituição.

No que diz respeito à saúde, as crianças devem ser continuamente observadas para acompanhamento e detecção precoce de sinais e sintomas a serem comunicados à família e encaminhados aos serviços de saúde. O conhecimento, pelos educadores, de medidas de primeiros socorros é fundamental. A prescrição de medicamentos só pode ser feita sob estrita observação médica. Crianças com necessidades educacionais especiais devem ser atendidas segundo orientações básicas dadas por pessoal especializado. Tudo isso requer eficiente comunicação da creche ou pré-escola com as famílias das crianças.

Para saber mais

PAULA, Ercília Maria Angeli Teixeira de. "Comida, diversão e arte": o coletivo infantil no almoço na creche. In: OLIVEIRA, Zilma Ramos de (Org.). *A criança e seu desenvolvimento*: perspectivas para se discutir a Educação Infantil. São Paulo: Cortez, 1995. p. 85-104.

ROSSETTI-FERREIRA, Maria Clotilde *et al.* A creche no seu dia a dia. Banho: que delícia! Bem-vinda, Dona Maria Chicória. Bolinhas de sabão. Comer, comer... comer, comer... é o melhor para poder crescer... Controle de esfíncteres. Dona Escova e Comadre Alice. Nana, neném... ZZZZZZZ. Trabalhadores da limpeza e cozinha também são educadores ______. In: *Os fazeres na Educação Infantil.* São Paulo: Cortez, 1998. p. 121, 122, 126, 129, 132, 135, 136, 138 e 143.

Sugestão de atividade

Procure entrevistar a diretora ou a coordenadora de uma creche para conhecer quais ocorrências de doenças são mais comuns nas diferentes idades das crianças e nos diferentes momentos do ano.

XIV

Os ambientes de aprendizagem como recursos pedagógicos

Importante questão para os professores de Educação Infantil diz respeito aos ambientes existentes nas creches e pré-escolas. Ela foi levantada por vários educadores no passado — como Decroly, Montessori e Dewey — e integra uma tradição na área da Educação Infantil muito presente em outros países, particularmente na Europa ocidental e na América do Norte. Entre nós essa preocupação, marcante na experiência dos primeiros jardins de infância criados no final do século XIX e início do século XX, foi se perdendo ao longo de políticas que baratearam o atendimento ministrado às crianças. A criação de espaços pouco adequados, muitas vezes por questão de economia, terminou limitando as possibilidades de desenvolvimento infantil em muitas creches e pré-escolas.

Preparar um cenário para a emergência de interações promotoras do desenvolvimento subordina-se à necessidade de que o arranjo das condições de aprendizagem articule adequadamente conteúdos, atividades, horários, espaços, objetos e parceiros disponíveis. A valorização de apenas um ou alguns desses elementos pode gerar desdobramentos impróprios do processo educacional. Tais elementos formam uma ecologia culturalmente estabelecida que é apropriada pela criança de forma singular, como ferramenta disponível para a realização de suas metas no "aqui e agora" de cada situação.

De toda forma, cada vez mais o ambiente físico e os arranjos espaciais existentes nas creches e pré-escolas têm sido apontados como setores que requerem especial atenção e planejamento. Além disso, as pesquisas são claras em demonstrar a importância da significação que a criança pequena empresta ao ambiente físico, que pode lhe provocar medo ou curiosidade, irritabilidade ou calma, atividade ou apatia.

Para alguns professores, a qualidade do ambiente na creche ou pré-escola diz respeito apenas a suas características psicofísicas e/ou higiênicas: arejamento, iluminação, conforto, número de crianças por metro quadrado, relação existente entre mobiliário e equipamentos. No entanto, todo contexto ambiental é um sistema de inter-relações dos vários componentes físicos e humanos que dele participam. Assim, nenhum ambiente é neutro com respeito ao seu impacto sobre o comportamento humano, particularmente sobre o desenvolvimento dos que nele estão envolvidos. Indivíduos que habitam o mesmo ambiente diferem em seus atributos e assumem comportamentos que também são diferentes. Contudo, podem-se identificar atributos comuns na população de determinado ambiente, padrões extraindividuais de comportamentos característicos dele.

Todo ambiente, sem exceção, é um espaço organizado segundo certa concepção educacional, que espera determinados resultados. Há sempre um arranjo ambiental, mesmo que isso se traduza na existência de uma sala com pouco mobiliário e poucos objetos e brinquedos ou uma sala atulhada de berços dispostos lado a lado, como na enfermaria de um hospital tradicional, ou abarrotada de mesas, cadeiras ou carteiras, imitando um arranjo escolar também ultrapassado.

O que se deve perguntar é se o arranjo existente condiz com a proposta pedagógica da instituição e vice-versa. Não basta organizar a sala em "cantinhos", se nela persistir uma pedagogia centrada nas instruções do professor. Muitas vezes o espaço busca impedir a movimentação das crianças e a interação entre elas. Outras vezes, embora não seja esta a intenção das professoras, a organização do espaço termina por promover brigas ou outras formas de comportamento consideradas como indisciplina.

Um ambiente é carregado de símbolos que chamam a atenção das crianças para certos aspectos. Por vezes se vê, nas creches e pré-escolas, um espaço físico enfeitado por abecedários ou cartazes que tratam de conteúdos mais escolares. Outros ambientes têm na parede figuras da indústria cultural voltada à infância, como os personagens dos estúdios Disney. Há, ainda, os que expõem as produções de suas crianças, enquanto alguns representam cenários que estimulam a imaginação infantil, ponto que será aqui mais valorizado.

Na perspectiva aqui exposta, o ambiente das creches e pré-escolas pode ser considerado como um campo de vivências e explorações, zona de múltiplos recursos e possibilidades para a criança reconhecer objetos, experiências, significados de palavras e expressões, além de ampliar o mundo de sensações e percepções. Funciona esse ambiente como recurso de desenvolvimento, e, para isso, ele deve ser planejado pelo educador, parceiro privilegiado de que a criança dispõe.

A criança, desde cedo, reconhece o espaço físico ou atribui-lhe significações, avaliando intenções e valores que pensam ser-lhe próprios. Daí a importância de organizar os múltiplos espaços de modo que estimulem a exploração de interesses, rompendo com a mesmice e o imobilismo de certas propostas de trabalho de muitas instituições de Educação Infantil. O que importa verificar não são as qualidades ou os aspectos do ambiente, mas como eles são refratados pelo prisma da experiência emocional da criança e atuam como recursos que ela emprega para agir, explorar, significar e desenvolver-se.

O ambiente constitui expressão de um sistema social com suas rotinas, relações, ideologias etc. É esse sistema que prescreve a função de um espaço físico-social e as pessoas que o podem utilizar, o que podem fazer e com quem. O ambiente define diversas práticas sociais que desenvolvem diferentes competências. Espera, assim, facilitar certas atividades e obstruir outras. Agir em uma sala de aula difere do agir num teatro, por exemplo. Contudo, as pessoas, embora deem indicações de seguir características gerais de comportamento estabelecidas para cada cenário e, ao fazê-lo, confirmem essas características, apresentam margens variadas de outros tipos de comportamentos. Por exemplo, os comportamentos dos estudantes de uma sala de aula de terceiro ano, mesmo que adequados às expectativas da cultura escolar, são muito diferentes entre si.

Quando se defende uma incessante atividade exploratória e criativa por parte das crianças, individualmente ou em pequenos grupos, todas partilhando diferentes recursos materiais, deve haver grande preocupação com a funcionalidade e a estética dos ambientes, já que todos os espaços servem para a educação visual, expressiva, cognitiva, ética e estética. Sua organização gera uma estruturação orientadora não apenas do comportamento das crianças, mas também dos adultos e dos demais membros da comunidade escolar. A interação desses atores vai modificar as intenções que originalmente orientaram o planejamento do espaço e, consequentemente, provocar a sua reorganização.

Além da existência de parceiros envolvidos afetivamente com a criança e disponíveis para interagir com ela, as condições para a constituição de um rico ambiente interacional na creche ou pré-escola dependem igualmente da presença de suportes ambientais — mobiliários, equipamentos — que criem oportunidades de trabalho em subgrupos, especialmente em áreas preparadas para o desenvolvimento de atividades diversificadas estruturadas na sala de aula e também nos espaços comuns (o solário, a sala do grupo, o pátio coberto, o parque etc.). Nesses espaços, as crianças exploram o ambiente e constroem significações.

O planejamento espacial da creche ou pré-escola imerge as crianças em um mundo de estímulos visuais e cinéticos, em que as características (formato, cor, textura, usos) dos objetos — brinquedos, blocos, telas, argila, livros, cartazes, filmes, vídeos, a imprensa escolar, lousa, ábacos e outros — são por elas interpretadas como desencadeadores de determinados enredos de ação.

Várias possibilidades de arranjo espacial podem ser experimentadas, a depender da proposta pedagógica da creche ou pré-escola.

Tem sido muito valorizada a organização de áreas de atividade diversificada, os "cantinhos" — da casinha, do cabeleireiro, do médico ou dentista, do supermercado, da leitura, do descanso —, que permitem a cada criança interagir com pequeno número de companheiros, possibilitando-lhe melhor coordenação de suas ações e a criação de um enredo comum na brincadeira, o que aumenta a troca e o aperfeiçoamento da linguagem. Dessa forma não há a necessidade de o educador atrair para si a atenção de todas as crianças, ao mesmo tempo. Com isso, elas esperam menos para ser atendidas, ou melhor, aproveitam esse tempo em outras atividades interessantes.

O professor organiza um espaço semiaberto de atividades, que garante a possibilidade de a criança vê-lo e, ao mesmo tempo, interagir com um ou mais parceiros, circula entre grupos e lhes dá uma atenção mais individualizada, remodelando os cantinhos de tempos em tempos. Entretidas, as crianças produzem conhecimentos e significações partilhadas, num clima de tranquilidade e concentração. Essas áreas podem concretizar determinados cenários favoráveis à brincadeira simbólica ou a atividades exploratórias ou expressivas.

Cantinhos parecidos permitem a realização de atividades diferentes, como roda de conversa, hora de história, assembleia, teatro espontâneo e outras. Por outro lado, várias atividades de representação podem ser organizadas em cantinhos diferentes, tais como:

- No teatro de marionetes: que possibilita a representação de vivências, trabalhos com personagens, com a oralidade e a musicalidade;
- Na oficina de pintura: para desenvolvimento da representação plástica, trabalhando com cor, forma, linha, tamanho, volume, texturas etc.;
- No canto de construção com blocos: para trabalhar a representação do espaço e habilidades psicomotoras.

Para as crianças menores, pode-se criar um espaço onde haja almofadas, elevações, muretas, espelhos, caixas e túneis para entrarem dentro, móbiles, panôs ou toldos, sugerindo, por exemplo, um cenário de circo, castelo ou praça, e também cartazes com personagens para servir de apoio ao desenvolvimento da memória, da imaginação, da locomoção e da fala. Os professores têm ainda a opção de preencher todos os ambientes com música suave e enfeitá-los com flores naturais.

As salas devem ser estruturadas de modo que facilitem a orientação das crianças sobre a rotina cotidiana. Para tanto, podem-se utilizar cartazes com dias da semana, nome dos alunos presentes, nome dos ajudantes do dia, alfabeto, desenhos de relógios, cenas de histórias conhecidas etc. Os armários, dispostos em locais acessíveis às crianças, permitem-lhes buscar e guardar materiais, trabalhando a autonomia.

Todos os espaços da creche e da pré-escola, e não apenas as salas de atividades, devem ser planejados pela equipe de professores. Assim, ao existirem áreas para atividades de manuseio de argila, para pintura e para subir, trepar, escorregar e andar de velocípede, surge para os educadores a possibilidade de interagir com pequenos grupos de crianças, garantindo um clima emocional de apego e segurança.

A estruturação da área não construída, porventura existente no terreno da creche ou pré-escola, em vista do seu funcionamento como parque de brinquedos, deve considerá-la como um espaço simbólico, um cenário para ações voltadas não só para o desenvolvimento motor, mas para a formação do imaginário e do conceito de *eu* por parte da criança. Esses recursos são equipamentos (mesa, cadeiras, armários, gangorras, escorregador etc.), objetos (roupas, bonecas, pneus, carrinhos), a topologia do terreno (os montículos e as depressões) e a vegetação existente (há algo vagamente assemelhado a uma "floresta"?).

Quanto mais a equipe de educadores de cada instituição de Educação Infantil investigar as possibilidades que se abrem nas áreas existentes — parque, jardim, horta etc. —, e estruturá-las com o material disponível, mais poderá perceber a riqueza de atividades executadas pelas crianças nesses cenários, que são igualmente promotores de seu desenvolvimento. É importante que as crianças pequenas tenham maior familiaridade com um espaço que reconheçam como seu, de sua turma.

Construir com as crianças regras básicas orientadoras do trabalho em cada área de atividade auxilia na construção de atuações disciplinadas, porém criativas e independentes. Bem trabalhado no que tange às regras de participação, o grupo infantil pode dividir-se em pequenos grupos e executar diferentes atividades ao mesmo tempo.

O espaço serve também como um grande "caderno coletivo" em que são documentadas as várias atividades desenvolvidas. Os trabalhos infantis podem ficar expostos de modo organizado nos espaços da creche e pré-escola, junto com móbiles, cartazes, frases e construções, testemunhando a formação de representações pelas crianças. A exposição de materiais referentes aos muitos temas em estudo — por exemplo, as plantas, os números, o calendário, os insetos etc. — torna mais concreta a aprendizagem.

O professor deve documentar o trabalho das crianças, desde as menores, para tornar tais experiências legíveis e partilhadas com outros educadores, pais e visitantes. E deve expô-las pelas salas não porque são bonitas, mas porque as crianças precisam ver "fora de si" o que pensam para poderem modificar seus trabalhos novamente "dentro de si".

O "sucesso" dos cantinhos, em seu objetivo de oferecer condições para o aumento das brincadeiras infantis, depende de o educador observar a maneira como as crianças ocupam e utilizam os espaços, modificando-os em função dos interesses delas. A regra é a criança ser acolhida e estimulada, ser inserida em ambientes aconchegantes, cheios de diferentes materiais e com uma decoração estética bem cuidada; é poder ter seus objetos pessoais em seu berço ou sua cama na hora de dormir.

Para saber mais

BARBOSA, Maria Carmen Silveira; HORN, Maria da Graça Souza. Organização do espaço e do tempo na Educação Infantil. In: CRAIDY, Carmen; KAERCHER, G. E. (orgs.). *Educação Infantil*; para que te quero? Porto Alegre: Artes Médicas, 2001. p. 67-80.

CARVALHO, Mara I. Campos; RUBIANO, Márcia R. B. Organização de espaço em instituições pré-escolares. In: OLIVEIRA, Zilma Ramos de (Org.). *Educação Infantil*: muitos olhares. São Paulo: Cortez, 1994. p. 107-130.

ROSSETTI-FERREIRA, Maria Clotilde *et al.* Estruturando a sala, O canto caipira, O canto que conta o conto: a organização de pequenos espaços. O porquê da preocupação com o ambiente físico. Por que as crianças gostam de áreas fechadas? Um ambiente para explorar. Um lugar gostoso para o bebê. ______ . In: *Os fazeres na Educação Infantil.* São Paulo: Cortez, 1998. p. 147, 149, 150, 153, 155, 158, 160.

Sugestão de atividade

Fotografe diferentes ambientes de creches e pré-escolas e analise suas características enquanto recursos de aprendizagem das crianças.

XV

Uma pedagogia interacional na Educação Infantil

Na Educação Infantil, a relação professor–criança é fator complexo, embora fundamental, e tem desafios próprios. Do ponto de vista sócio-histórico de desenvolvimento, em que este trabalho está baseado, as interações com parceiros constituem o indivíduo dentro de sua cultura, ou seja, levam as crianças a dominar formas de agir, pensar e sentir presentes em seu meio cultural, resultando disso um constante processo de elaboração de suas identidades. As ações do recém-nascido e das pessoas que dele cuidam são tão integradas, que o bebê não consegue perceber-se em separado do parceiro e apenas com o desenvolvimento vai individualizar-se.

Nas creches e pré-escolas, esse parceiro da criança em seu processo de desenvolvimento é o professor. Sua função é a de ser uma pessoa verdadeira, que se relacione afetivamente com a criança, garantindo-lhe a expressão de si, visto que ela precisa de alguém que acolha suas emoções e, assim, lhe permita estruturar seu pensamento. Ao responder à criança, ampliando, redefinindo e esclarecendo seus comentários, confusões e ações, o professor alimenta o pensamento infantil, propondo-lhe questões que a ajudem a consolidar as ideias que já possui e a construir hipóteses.

As interações criadas pelas crianças e seus professores, no entanto, não levam apenas à construção de informações, habilidades e conhecimentos sobre objetos do mundo, mas também à construção de uma ética, uma estética, uma noção política e uma identidade pessoal. Esse aspecto, por vezes, passa despercebido como integrante da intenção de ensinar. Muitas vezes se observam expressões do professor dirigidas às crianças como as que se seguem: "*Já está bom, deixe como está!*" (desestimulando o aperfeiçoamento), "*quem mandou ser bobo?*" (ensinando a moral da esperteza), "*homem não chora!*" (construindo uma subjetividade histórica relativa à diferença e superioridade de um gênero sobre outro), "*o que não mata engorda*" (reforçando a cultura de risco que nos caracteriza e impede que ações preventivas de saúde física e mental sejam eficazes), "*se você não comer, não falo mais com você!*" (usando o afeto como forma de controle).

Considerando a criança um agente ativo de seu processo de desenvolvimento, o professor de Educação Infantil faz a mediação entre ela e seu meio, utilizando os diversos recursos básicos disponíveis: o próprio espaço físico da creche ou pré-escola com seu mobiliário, equipamentos e materiais, as tarefas e instruções propostas e, particularmente, sua maneira de se relacionar com a criança: como a observa, apoia, questiona, responde-lhe, explica-lhe, dá-lhe objetos e a consola.

O incremento da participação ativa e autônoma das crianças é favorecido pelas pistas que o professor lhes fornece sobre como aprendem, trabalham e se relacionam, pistas essas construídas à medida que ele percebe cada criança e conhece seus sentimentos, os sentidos que determinados objetos e situações têm para ela, sua forma de raciocinar e agir em determinada situação.

O professor estimula as crianças a construir novas significações e a relacionar o que estão aprendendo na creche ou pré-escola com outras experiências fora dela. Isso inclui interagir com elas, mesmo com as muito pequenas, assumindo papéis estratégicos para acalmá-las, motivá-las, ajudá-las a discriminar, conceituar, argumentar. Ele não lhes reserva apenas o lugar de depósito, de eco dele mesmo, mas percebe a construção, por parte delas, de redes de significação tecidas em planos diferentes e por vezes antagônicos, atingindo diversificadas aquisições.

As práticas discursivas que se estabelecem na creche e pré-escola articulam-se com outras fontes de construção de significações existentes nas diversas vivências culturais das crianças. Por isso, o professor precisa ter muita sensibilidade para acompanhar a "viagem" intelectual que a criança empreende. Esta, por sua vez, necessita compreender o sentido dado pelo professor a certas situações.

> *Um menino de seis anos diz à professora: "Quando crescer, vou ser jogador de basquete!". A professora lhe pergunta: "O que é preciso para ser um jogador?". O menino responde: "Usar uniforme". A professora então fala: "Não, é preciso ser muito bom de bola!". O menino permanece em silêncio, olhando por alguns minutos para a professora, que conversa com outras crianças sobre outros assuntos.*

Muitos de nossos professores apreendem apenas superficialmente o universo simbólico infantil. Por vezes identificam vários sentidos potenciais e escolhem um deles para trabalhar, sem refletir sobre o critério que utilizam para fazê-lo. Dão respostas muitas vezes apressadas, em decorrência mais de sua angústia por trabalhar em campos com múltiplas significações do que das necessidades das próprias crianças. Com isso a sondagem dos interesses infantis não sai de um nível superficial e não se tem uma relação de escuta, uma dimensão de confronto de subjetividades e de significações culturais e históricas, básicas para a formação humana.

Para conhecer a significação que cada criança empresta a elementos do meio, o professor necessita observar suas reações, incentivá-la a expor sua forma de perceber determinada situação ou conceito, encorajá-la a considerar, ao mesmo tempo, os aspectos valorizados por outras crianças e que as levam a encarar o elemento em questão de modo diferente. Com isso ele a ajuda a superar visões restritivas e obter esquemas flexíveis, complexos e criativos de significação.

Ao considerar preferências, desafetos, estados emocionais das crianças, o professor as auxilia a participar mais integralmente do processo de aprendizagem. Assim, a individualidade de cada uma é respeitada e a diferença entre elas é reconhecida como boa e desejável. Ele lhes comunica isso por atos e por palavras, evitando tratá-las segundo um modelo único de expectativas ou comparar seus desempenhos. Não estabelece relações indiferenciadas com a criança, mas a ajuda a superar sensações de abandono e a adquirir confiança.

Ao partilhar uma atividade com a criança, o professor ajuda-a a enfrentar eventuais insucessos, sublinha certos aspectos do tema e desperta nela o desejo de fazer algo junto, respeitando igualmente seu desejo de isolamento. Sua função é a de observar, documentar, oferecer material, coordenar situações envolvendo pequenos e grandes grupos, acompanhar o andamento dos vários projetos e interagir com as crianças enquanto elas neles trabalham, além de cuidar da merenda e organizar os momentos de repouso, a entrada e a saída diária. Isso envolve muita ação, mas também análise, interpretação e reflexão.

O professor precisa ajudar a criança a superar a ansiedade da separação e outros conflitos cuja resolução é necessária para aumentar-lhe a iniciativa e a confiança no mundo fora da família. Por exemplo, as interações que professor e crianças estabelecem em determinados jogos são transformadas em encontros coloquiais, nos quais ele acolhe o medo delas de perder afetos. Nesses jogos — como, por exemplo, o de construir e derrubar torres, que, segundo autores psicanalistas, ajuda a criança a compreender as alternâncias da presença e ausência da mãe junto a si —, diferentes desejos, emoções e gestos com significados simbólicos são trabalhados.

Tal modelo, ao mesmo tempo que apoia o desejo infantil de aprender, dá ao professor uma função tutorial. Este busca criar situações em que as ações da criança são retomadas com certos procedimentos pelos quais ele traduz ou interpreta suas intenções e mostra-lhe como estas podem ser realizadas segundo ações que estão na *zona de desenvolvimento proximal* dela.

Alguns elementos transformam esses encontros em experiências que envolvem certas dificuldades. A linguagem das crianças, como ferramenta de trabalho sobre o mundo e sobre a própria relação com outras pessoas, é perpassada de dados afetivo-corporais que os professores têm de aprender a identificar. Além disso, creches e pré-escolas lidam com meninos e meninas em período de forte apego a suas famílias, com quem estabelecem relações emocionais intensas. O processo pelo qual o bebê cria vínculos afetivos com seu professor requer atenção especial. Nesse período, o pensamento infantil ainda tem perspectivas egocêntricas, o que gera dificuldades para a criança sair de seu ponto de vista a fim de captar o de outra pessoa. As crianças passam por muitos momentos de crise de autoafirmação, apresentando acessos de birra e manifestações de ciúme.

Essas características tornam o trabalho com as crianças pequenas tarefa exigente, gerando ansiedade em muitos professores, que temem estabelecer vínculos fortes com elas. Muitos preferem, nesses casos, apoiar-se em um modelo que preconize uma relação interpessoal mais distanciada e pressuponha a criança pequena como alguém já independente, coisa que ela não é. Com isso há o risco de a criança experimentar uma sensação de abandono, levando-a a diminuir sua participação nas situações, como forma de defesa.

Embora, por vezes, o professor se sinta impotente para lidar com as crianças, deve apreciá-las como seres reais, não como ideais. Ao observá-la em suas atividades individuais e grupais, pode constatar quanto a criança é alguém plena de desejos, que aguarda serem realizados.

A peculiaridade do pensamento das crianças, desde as muito pequenas, exige que o professor lhes ofereça instrumentos para construir significações acerca do que vivem, rotinas para desenvolver atitudes e algumas garantias: 1) um ambiente sereno, embora estimulante, em que sua inserção se dê de modo gradual; 2) variedade, coerência e continuidade da sua experiência com diferentes parceiros; 3) a possibilidade de articular, estender e sistematizar suas realizações. Daí a importância de que a gestão escolar evite a excessiva rotatividade de professores e outros profissionais nas creches e pré-escolas.

Fator importante nas interações estabelecidas nas situações pedagógicas criadas em creches e pré-escolas é o nível de tolerância do professor para com as diferenças culturais entre as crianças, um processo pleno de implicações político-ideológicas do qual ele poucas vezes tem consciência. Sua tolerância é frequentemente menor em relação a comportamentos infantis mais agressivos e à não participação da criança em atividades.

Muitos professores costumam dar mais atenção aos "melhores" alunos (não por acaso provenientes de grupos sociais mais valorizados), respondendo-lhes de forma mais adequada à formação de conhecimentos e de funções psicológicas mais complexas. Assim, responde menos aos advindos de camadas populares, sobretudo aos que apresentam características de comportamento mais distantes de seu ideal de aluno. Essas crianças, negativamente discriminadas, aumentam seu mutismo ou acentuam aquilo que, em seu comportamento, é julgado como inadequado. Com isso, um círculo de fabricação de fracasso é instalado.

As crianças são vistas como "problemas" pelo professor menos em virtude de julgamentos fundados em avaliações objetivamente orientadas e mais em consequência da dificuldade do meio pedagógico em geral para lidar com comportamentos que divirjam de um modelo ideal de infância. Ao estigmatizar a criança, pela sua maneira de tratá-la, o professor termina por obscurecer suas interações com ela.

Observar as crianças no cotidiano da creche ou pré-escola, ouvir sua família, pode ajudar cada professor a descobrir caminhos mais promissores para a formação de vínculos afetivos produtivos para seu desenvolvimento.

Interações criança–criança

Cada vez mais tem sido defendida a criação, nas creches e pré-escolas, de ambientes de aprendizagem coletiva, com formação de turmas de crianças organizadas sob múltiplas formas de associação. Esses ambientes, do qual fazem parte o professor e as crianças ou apenas um pequeno grupo delas, impulsionam a dinâmica da negociação e os conflitos cognitivos por ela gerados. Promover a capacidade da criança para relacionar-se desde cedo com parceiros diversos, particularmente com outras crianças, é uma opção fundamental, se se levar em conta a presente crise de solidariedade no mundo do trabalho, que se tem expandido para outras esferas da sociedade.

Devem-se propor situações diversificadas e variáveis com respeito ao número de pessoas que delas participam (exploração em duplas ou trios, projeto em grupos de quatro ou cinco crianças, exploração solitária, atividades em grandes grupos) e aos espaços empregados (dentro da sala de atividades, no refeitório, pátio, horta ou na pracinha do bairro, no zoológico).

A proposta de favorecer as interações sociais com seus pares de idade pode ajudar as crianças a controlar seus impulsos ao participarem no grupo infantil: internalizar regras, adaptando seu comportamento a um sistema de controle e sanções, ser sensível ao ponto de vista do outro e saber cooperar e desenvolver uma variedade de formas de comunicação para compreender sentimentos e conflitos e alcançar satisfação emocional. Isso inclui a criação de uma atmosfera afetiva de estabelecimento de relações diversificadas, na qual a aceitação de cada pessoa seja objeto de atenção.

A oportunidade de realizar projetos em grupo — como, por exemplo, fazer um teatro de marionetes e dramatizar uma história com bonecos — possibilita às crianças negociar o tema da história e seu desenvolvimento, usando esclarecimentos, justificativas e argumentos comparativos. Com isso, aprendem formas não agressivas de expressar sua emoção e desejos, a conversar e negociar argumentos e objetivos, a elaborar planos coletivos nas rodas de conversa. Com base nisso, podem resolver conflitos e explorar certas contradições presentes em sua cultura.

Nas interações infantis, uma série de situações costumam aparecer, como a ocorrência de mordidas entre as crianças pequenas. Morder um companheiro funciona como uma forma de a criança pequena conhecer o seu entorno e comunicar-se com ele. Mordidas ocorrem geralmente em situações de ciúme ou pela necessidade de chamar a atenção dos professores, principalmente quando as crianças estão aborrecidas e desinteressadas. Repensar a rotina de atividades e a forma como elas se organizam, diminuir o tempo de espera da criança para ser atendida, ajudá-la a aprender a expressar de modo adequado suas emoções pode colaborar para a diminuição desse tipo de ocorrência.

Essas e outras questões nos remetem à vivência da disciplina na creche e na pré-escola. A apropriação de normas de conduta julgadas mais convenientes constitui o pilar de qualquer projeto educacional e se realiza pela imersão da criança em práticas culturais perpassadas por regras. A mediação desse processo se faz de diferentes modos. Há o importante papel do professor, que, em sua relação com as crianças, lhes impõe ou negocia com elas metas e procedimentos para agir, funcionando ainda como modelo a ser imitado. A forma como o professor desempenha seu papel de autoridade é particularmente importante, visto que a criança com frequência o imita na interação com companheiros.

Alguns procedimentos fundamentais para o professor coordenar a criação de um ambiente produtivo de convivência são: fornecer ambiente organizado e tranquilo, compreender a movimentação das crianças, estabelecer limites e apresentar regras com clareza, justificar proibições, ajudar as crianças a fazer acordos e lembrá-las desses acordos, quando necessário. Participar de jogos em que o professor explore com elas as regras pode desenvolver seu senso de justiça pela consciência de que uma norma vale para todos. A criança pequena, a partir de certa idade, deve ainda ser ajudada a perceber que sua agressão provoca danos, dor em um companheiro, e a desenvolver atitudes de solidariedade.

Esse campo, tal como as demais áreas de aprendizado —as ciências da natureza, as linguagens, as artes, a matemática —, é cheio de contradições, de irracionalidades, pois lida com situações dinâmicas, plenas de antagonismos e passíveis de ser explicadas apenas parcialmente. A incompletude das respostas já historicamente formuladas sobre o mundo e sobre as pessoas que nele vivem aponta para a permanente possibilidade de invenção de novas perspectivas para a ação humana. Isso vale também para as crianças. Elas podem formular um sentido de verdade à medida que refletem sobre as contradições observadas entre o que é dito por uma e por outra pessoa, entre o que é falado e o que é visto ou sentido. Isso envolve distinguir entre suas fabulações e as mentiras que muitas vezes elas elaboram.

Um ambiente moral deve ser construído antes, e não depois, de ocorrências de condutas consideradas indisciplinadas. O aprendizado de regras é uma forma de obter participação esclarecida em uma situação coletiva. Perceber-se no coletivo é algo básico para que alguém se constitua como cidadão ciente de seus direitos e também de seus deveres.

Aprender a lidar com as contradições existentes no coletivo é o foco do trabalho educativo. Este não se fixa no aprendizado de regras de moralidade, como se fizessem parte de uma totalidade uniforme, mas no desenvolvimento de competências para fazer um julgamento moral. Espera-se, assim, que a organização curricular deixe de buscar um ambiente de silêncio e obediência e concretize situações em que os pequenos se mostrem alegres, ocupados e dispostos à interação, e que estejam voltados à reflexão sobre seus contextos sociais.

Para saber mais

ROSSETTI-FERREIRA, Maria Clotilde. Virar gente: reflexões sobre o desenvolvimento humano. In: _______ *et al* (Org.). *Os fazeres na Educação Infantil*. São Paulo: Cortez, 2000. p. 34.

Sugestão de atividade

Que tal fazer um debate com colegas sobre o tema e discuti-lo da perspectiva do problema da autoridade, da disciplina e da aprendizagem das crianças?

XVI

O conhecimento enquanto rede de significações

A seleção de conteúdos de aprendizagem para as crianças pequenas é uma questão tratada com nuanças diversas no decorrer da evolução da forma como creche e pré-escolas foram vistas no país e diferentes teorias buscaram compreender o desenvolvimento infantil. Quando este era explicado segundo concepções afins do biologismo, que davam maior peso a fatores inatos e/ou hereditários, a seleção de conteúdos era pouco enfatizada. Predominava a ideia de que aquilo que espontaneamente interessasse às crianças, sem a intervenção de adultos, era o que elas explorariam em suas brincadeiras e demais atividades, e isso bastaria. Ao mesmo tempo, entretanto, nas creches e pré-escolas que atendiam crianças de baixa renda, criavam-se outras situações para o aprendizado de valores gerais de cooperação e de ordem, de normas disciplinares e de hábitos higiênicos, impostos aos pequenos como conteúdos básicos que eles deveriam dominar.

A ampliação de uma visão ambientalista do desenvolvimento infantil, que já se esboçava nessa época, passou a competir com a visão inatista-espontaneísta, conforme se pensou que uma programação mais sistematizada e com conteúdos mais claramente delineados poderia dirigir o desenvolvimento humano por caminhos mais promissores. Com o objetivo de defender o direito de todas as crianças ao saber, contudo, propagou-se um modelo de currículo e de seleção de conteúdos próximo do modelo de disciplinas presente no Ensino Fundamental tradicional.

Na década de 1990, a discussão sobre o conteúdo do trabalho pedagógico na pré-escola foi fortemente influenciada pelo compromisso dos educadores progressistas de não deixar a criança pequena, filha de famílias de baixa renda, marginalizada do acesso aos conhecimentos histórica e coletivamente produzidos e postos à disposição das crianças de classe média. Para tanto, era necessário ampliar o repertório de experiências vividas.

De um lado, conservava-se a ênfase dada ao desenvolvimento da oralidade, à compreensão das transformações em curso tanto nos grupos sociais quanto nos elementos da natureza, à elaboração das primeiras hipóteses sobre a língua escrita, à construção do conceito de número e das noções de tempo e espaço na interação do sujeito com uma realidade sócio-histórica. De outro, sustentava-se que a construção da identidade pessoal e de grupo, do mundo da poesia, da fantasia, além do desenvolvimento de habilidades motoras, deveria merecer atenção enquanto conteúdos a serem trabalhados na Educação Infantil, particularmente em situações nas quais a criança trabalha diferentes formas expressivas utilizando ainda sua capacidade de viver jogos simbólicos.

A grande questão é: como partir dos conhecimentos que a criança já possui e valorizá-los, assegurando-lhe a aquisição de novos, e como ajudá-la a desenvolver atitudes de curiosidade e crítica tendo em vista a conquista de sua autonomia e permitindo-lhe iniciar com sucesso sua trajetória no sistema de ensino?

Não basta selecionar conteúdos de aprendizado, é necessário também refletir sobre como eles serão trabalhados com as crianças. Assim como não é suficiente afirmar que os conteúdos não serão apresentados como verdades já prontas, mas construídos na interação com elas, caso não se tenha clareza a respeito desse processo de construção.

No trabalho pedagógico na pré-escola, e mesmo na creche, tem predominado uma organização linear do conteúdo. Sob a influência de modelos construídos no ensino para os mais velhos, modelos baseados em concepções antigas sobre o modo de aprender, muitos professores acreditam que existe uma ordem necessária para a apreciação dos assuntos, sendo a ruptura dessa cadeia considerada fatal para a aprendizagem. Contudo, mesmo o fato de existirem etapas necessárias a ser cumpridas antes que outras advenham é insuficiente para explicar um condicionamento tão forte dos programas.

Em oposição a essas tendências, tem havido na psicologia avanço no entendimento das capacidades de aprendizagem das crianças pequenas. Esse avanço surge da visão de desenvolvimento humano como uma construção social que ocorre em contextos específicos, em que situações envolvendo pessoas e objetos constituem os recursos para a construção de formas mais complexas de agir, pensar e sentir. Isso se deu quando se pôde aprofundar, por meio de pesquisas, a compreensão dos processos de desenvolvimento possibilitados pela interação adulto–criança e criança–criança, desde cedo, para a construção da linguagem, das representações, do raciocínio lógico etc.

Esses novos conhecimentos iluminam a figura do professor como alguém atento às manifestações da criança para auxiliá-la a analisar, comparar, generalizar e sintetizar. Voltando-se para aquilo que a circunda e trabalhando as diferenciações simbólicas já incorporadas por sua cultura na linguagem, o professor possibilita à criança a ampliação de seu pensamento conceitual por meio do confronto com o conhecimento objetivo e sistematizado de sua cultura.

Todas as situações pedagógicas constituem uma influência recíproca de parceiros com níveis de desenvolvimento desiguais. Elas são espaço de posições, proposições e transformações, um local de interlocução fundado em relações em que se imbricam cognição e afetividade de parceiros que estão continuamente se constituindo nesse processo.

As diversas situações cotidianas que ocorrem nas creches e pré-escolas possibilitam à criança a construção de novos significados e a modificação de outros anteriormente formulados conforme o educador também organiza a atividade e seleciona os materiais para ela explorar, limitando o leque de significações trabalhadas a cada momento e apresentando certas definições ou exemplos. Vejamos um caso:

A professora de uma pré-escola de classe média de São Paulo coordena a roda de conversa de seus alunos de seis anos. Uma aluna,

Juliana, pergunta-lhe: "Professora, sabe que não pode pegar nos cachorrinhos, sabe por quê?", e continua: "Porque, porque a mamãe falou que parece que não pode mais pegar neles porque parece que eles dão pulga". A professora dirige-se ao grupo em geral: "Dão pulga? E o que acontece quando os cachorrinhos dão pulga?". Após as intervenções de algumas crianças, ela completa: "E o que é que a pulga faz, que a gente fica com coceira?", pergunta a que Maria logo responde: "Ela fica picando, ela pica". A professora pergunta a Maria: "E daí, ficou coçando muito?". Na discussão que se segue, Lúcia fala: "Sabe, por falar em pulga, amanhã eu vou ao dentista".

Se o desfecho do episódio pode surpreender os desavisados, que pensariam no "delírio egocêntrico" que, por vezes, parece permear as participações infantis, convém analisarmos a construção coletiva das situações, para que as significações lançadas sejam compreendidas. Os professores trabalham muitas vezes uma concepção de significado que, por sua vez, emerge de uma concepção de linguagem em que as palavras representam etiquetas estáveis, resultantes de classificações bem definidas, estruturadas com base em categorias universais. Mas a linguagem é sempre metafórica.

"Por que não se pode pegar (n)os cachorrinhos?", "parece que... mamãe falou" rodeiam o mistério daquela interdição. Ela não está na voz da garota, mas na do coletivo genérico que a rodeia. "Cachorros dão pulga" (ou "dão cria?") é a ideia lançada e mantida pela professora, que parece querer explorar mais o que se sabe e o que se pode saber sobre o tema. Ela o faz, contudo, destacando, entre outros que poderiam ser enfatizados, um ponto: a coceira, que leva à questão das picadas. "E daí, ficou coçando muito?" De forma não intencional, a professora parece confirmar a interdição lançada: não se pegam cachorrinhos porque eles dão pulga, que dá picada, que dá coceira! Confirma, assim, o que a fala da zelosa mãe de classe média já havia sugerido: definitivamente, o cão é uma ameaça à saúde! Isso cria as condições para Lúcia lançar sua fala: "Por falar em pulga (picada — coceira —saúde), amanhã vou ao dentista".

Na realidade, múltiplas conexões foram se estabelecendo entre os temas, criando múltiplos fios de interligação — sons, palavras, imagens, combinações pluridimensionais de tais elementos — e conformando-se em relações lógicas, analógicas, afetivas, sensoriais ou complexas de tais elementos. O conhecimento não é, assim, visto como conjuntos estáveis, estruturas hierárquicas imutáveis ou cadeias causais linearmente condicionadas, mas como uma rede de significações, constituída de nós e conexões em um espaço de representações em permanente transformação.

Na interação que se estabelece na creche e na pré-escola, há um confronto de mediadores semióticos que circulam na situação sob a forma de conceitos, representações, imagens. Todavia, o professor muitas vezes não trabalha com as crianças esses aspectos e não os elucida. Em vez disso, apega-se a uma definição como algo finito — porque está preso a uma visão estática do conhecimento a ser transmitido às novas gerações —, contrariando a concepção de que, hoje, é fundamental as crianças saberem usar certas habilidades cognitivas e pensarem criticamente.

Como pudemos ver com esse episódio, as generalizações feitas pela criança encaminham a construção de conceitos graças aos confrontos entre suas significações e as dos demais em práticas cotidianas, como os momentos de conversa ou de brincadeiras. Fragmentos de discursos que circulam no meio cultural daquelas crianças — "sabe que não pode mais...", "mamãe falou que...", "parece que..." — são reunidos nas relações interindividuais que estabelecem diferentes papéis aos interlocutores.

Nessa perspectiva, os vínculos que a criança forma com o professor de Educação Infantil favorecem a superação dos obstáculos que ela encontra em seu processo de aprendizagem e desenvolvimento, permitindo-lhe adquirir maior flexibilidade em seu comportamento. A primeira condição requerida para isso é a ativa participação de cada criança na atividade, que regula o processo de aprendizagem segundo seu estilo de aprender. Em segundo lugar, os temas tratados devem ter relevância e responder às preocupações infantis, relacionando-se a outras experiências vividas. Ademais, as crianças necessitam ser inseridas em um ambiente no qual participem de forma integrada, sendo envolvidas em termos cognitivos, afetivos e psicomotores. Sendo solicitadas a participar ativamente, elas têm a oportunidade de expressar seus sentimentos, perguntar, expor seus pontos de vista, usando diferentes linguagens.

O professor pode criar situações que possibilitem à criança imergir em atividades significativas em que busque explicar o mundo em que vive e a si mesma. Essas situações – com seus cenários, participantes e papéis — são recursos para a formação de habilidades e a construção de conceitos e valores por parte dela.

Chamar a atenção da criança para certos aspectos das situações e procurar responder às suas indagações de modo atencioso, indicando-lhe certos sentidos que são parte de um conjunto de explicações sobre o mundo, são formas de o professor formar na creche e pré-escola uma comunidade de aprendizes mais curiosos e reflexivos. Assumir o ponto de vista deles permite ao professor avaliar quais os caminhos mais promissores para o seu desenvolvimento.

Para saber mais

CALIL, Eduardo. Ao sabor dos títulos: uma releitura linguístico-discursiva da noção de coerência. In: OLIVEIRA, Zilma Ramos de (Org.) *A criança e seu desenvolvimento*: perspectivas para se discutir a Educação Infantil. São Paulo: Cortez, 3. ed. 2000, p. 131-159.

______. *et al. Creches*: crianças, faz de conta & cia. Petrópolis: Vozes, 1992.

Sugestão de atividade

Pegue um livro que trate da aprendizagem da criança em creches e pré-escolas e analise a concepção de conhecimento que ele pressupõe.

XVII

A organização de atividades culturalmente significativas

A grande flexibilidade do pensamento da criança e seu constante desejo de exploração requerem a organização de contextos propícios de aprendizagem. A criatividade emerge das múltiplas experiências infantis, visto que ela não é um "dom", mas se desenvolve naturalmente se a criança tiver liberdade para explorar as situações com parceiros diversos.

Na história da pedagogia, a discussão sobre o significado do contexto de aprendizagem levou a ênfase ora a experiências que trazem maior distanciamento da vivência cotidiana — realizadas em ambientes especiais, simplificados e/ou com estruturação especialmente planejada para fortalecer o desenvolvimento de certas funções psicológicas e, portanto, para maior abstração e formalização —, ora a experiências infantis contextualizadas, de maior significação na vida pessoal e maior envolvimento emocional.

Nessa última direção, hoje ganham força as releituras de propostas como as de Dewey, Freinet e outros, com base em autores como Vygotsky (e outros autores da chamada psicologia sócio-histórica), para quem as funções psicológicas complexas são formadas em situações culturalmente significativas das quais o elemento afetivo é parte inerente.

A formulação de um currículo requer que o professor amplie sua noção acerca do que constitui um meio de desenvolvimento, ligando-o às práticas cotidianas. O desenvolvimento infantil se dá no conjunto das atividades que as crianças vivem, na negociação que fazem das regras apresentadas como reguladoras das situações, nas ações possibilitadas pelo material disponível e pelas instruções e sugestões dos professores sobre como trabalhar com ele, bem como nos papéis que as crianças assumem nas interações que estabelecem com outras crianças e com o professor.

Entre as condições necessárias para tanto está a estruturação de programas de atividades estimuladoras e significativas, pelos quais ele busque interagir com as crianças e apresentar-lhes novos signos e novas formas consideradas produtivas de relacionar-se com o mundo a fim de compreendê-lo, formas essas culturalmente elaboradas.

Para promover nova organização de atividades e a redefinição delas, é preciso superar a dicotomia de ter de escolher entre áreas de conhecimento (como linguagem, matemática, artes etc.) e áreas de desenvolvimento (motor, linguístico, social, afetivo, cognitivo). Em vez disso, é mister pensar nas práticas sociais que são oferecidas às crianças, desde bem pequenas.

São elas postas para trabalhar em áreas de brinquedo — exploratório-manipulativo, de faz de conta, de regras — com maior ou menor grau de estruturação, em espaços que possam explorar e por onde possam movimentar-se, em assembleias para planejamento de projetos ou oficinas de artes plásticas, em áreas para brincadeiras motoras (velocípede, piscinas de bolas)? São suas refeições, seus momentos de sono e de higiene pessoal organizados de acordo com rituais específicos que exercitam nelas diferentes habilidades? Seu cotidiano inclui áreas de leitura, uso de microcomputador, imprensa e correio escolares, atividades como a de assistir a vídeos, ouvir canções, histórias de fada ou de outras figuras fantásticas, construir carros de madeira ou casas de boneca?

A reorganização curricular deve criticar o tempo desperdiçado em atividades sem significado para a criança ou sem coerência com uma pedagogia transformadora: a fila, o sono, o abaixar a cabeça na mesa. Também requer avaliar o tempo empregado em atividades de cuidado: higiene de mãos, escovação de dentes, descanso, alimentação.

Vamos a seguir apresentar três grandes ênfases na organização do conteúdo que hoje circulam na área de Educação Infantil.

1. O trabalho pedagógico com múltiplas linguagens

Grande número de propostas pedagógicas para a Educação Infantil têm eleito a linguagem verbal como seu eixo mais importante, dado que permeia os outros organizadores do currículo: o jogo infantil e as várias áreas em que o conhecimento básico elaborado em uma cultura pode ser organizado de modo que favoreça a aprendizagem.

A linguagem oral dá possibilidade para a criança fazer pedidos, levantar questões, trocar observações, ideias e planos. Ela é grande auxiliar na construção de narrativas.

Jogos rítmicos em que bebê e adulto imitam sons, jogos de nomeação em que o adulto propõe a questão: "O que é isto?" ao bebê, ajudando-o a responder, jogos de atenção em que o adulto pergunta: "Onde está X?" ao bebê, novamente lhe dando apoio para responder, são formas culturais básicas pelas quais a criança aprende, nas interações que estabelece com parceiros mais experientes, a dominar a língua como forma de controlar o mundo e de pensá-lo. Isso inclui formular hipóteses sobre o funcionamento da língua e testá-las em novos encontros sociais.

Criar muitas oportunidades de diálogo com as crianças e interessar-se em compreender o sentido que emprestam às suas próprias palavras em uma situação, falar de modo gramaticalmente correto sem, contudo, repetir as falas infantis "erradas" ou fazer troça delas atuam sobre sua zona de desenvolvimento proximal.

Linguagens corporais e linguagens plásticas também são objeto de trabalho pedagógico, nessa perspectiva. Aprender a representar algo usando o corpo, o desenho, a modelagem, a escultura etc. amplia as competências infantis, exigindo-lhes novas habilidades.

A ênfase no trabalho com diferentes linguagens como recurso básico de desenvolvimento na Educação Infantil suscita ainda a questão do aprender a ler e escrever em uma nova ótica. Cada dia mais os professores têm buscado compreender as condições do contexto de aprendizagem propícias ao aprendizado, já desde cedo, da linguagem escrita, vista como objeto cultural com funções e propriedades específicas que serve como suporte de ações e trocas sociais.

Já está suficientemente claro, hoje, que as crianças, desde pequenas, podem avançar no processo de letramento. A criança nasce em um mundo onde estão presentes sistemas simbólicos diversos socialmente elaborados. Em especial, ela vive em um mundo letrado, diferente dos povos primitivos que constituíam sociedades ágrafas, ou seja, sem escrita. Desde que inserida em um ambiente propício, ela vai-se apropriando dos principais "canais de notação" característicos de nossa cultura — os sinais de trânsito, a escrita, a organização do espaço e do tempo, a matematização e a representação gráfica.

A percepção de que a criança se apropria desde cedo desses conhecimentos decorre tanto de novas perspectivas sobre a leitura e a escrita trazidas pela produção científica já no início da década de 1980, graças à divulgação, entre nós, dos trabalhos de Emilia Ferreiro e outros, como da acentuada modificação do ambiente sociocultural que circunda a criança e inclui a televisão, o computador, a internet. Assim, não se discute mais se a Educação Infantil deve ou não ensinar a ler, mas *como* o fará.

Convivendo com leitores e criadores de textos, a criança busca compreender o sentido das ações de leitura/escrita deles. Muitas práticas educativas de adultos alfabetizados incluem a escrita como objeto intermediário, como ocorre com a contagem de histórias. A televisão também é fonte de exposição da criança à língua escrita. Ainda que ela não a domine, inicia-se uma atividade interpretativa de sua parte.

Além de discursos diversos envolvendo o professor de Educação Infantil e as crianças ou apenas elas, a proposta pedagógica deve possibilitar-lhes conhecer autores de conhecimentos relativos às artes, às ciências e a outras áreas do saber humano registrados em livros, documentos, vídeos, instrumentos etc.

A criação de ricas e variadas oportunidades para as crianças interagirem com a língua escrita pode envolver o contato com escritas diversas — escrita de rótulos, de listas, de desenhos, de bilhetes, de palavras com letras móveis. Tais oportunidades permitem às crianças levantar perguntas sobre a função social da escrita e construir e trabalhar suas próprias hipóteses sobre ela, sem necessariamente copiar modelos.

Como convite à ação, apresentaremos um caso. A professora de uma pré-escola que atendia população de baixa renda criou um canto da leitura em sua sala de trabalho com crianças de cinco anos.

Anteriormente ela trabalhava com o grupo inteiro de crianças, que executavam atividades de discriminação visual e auditiva e de coordenação motora, realizadas sob estreito controle do professor. Com a organização do novo ambiente, que permitia diversificação de atividades, pequenos grupos de crianças mergulhavam em um mundo de imaginação e fantasia por meio de atividades que as introduziam no universo linguístico: contar e ler histórias, poesias, criar novas narrativas e rimas. As vivências com manuseio de livros infantis e com leituras de histórias realizadas por parceiros mais experientes possibilitavam às crianças interpretar os sentidos captados de diferentes textos.

A fim de explorar o papel constitutivo da linguagem no desenvolvimento das crianças, necessita-se trabalhar com elas linguagens verbais, musicais, dramáticas e plásticas, entre outras, e dar-lhes oportunidade de imergir no mundo da cultura escrita pelo contato com os livros e o microcomputador. Podem com isso conhecer elementos escritos, pictóricos, dramáticos e outras formas de representar o mundo pela produção de sons, de gestos.

2. O jogo como recurso privilegiado de desenvolvimento da criança pequena

Muitas propostas pedagógicas para creches e pré-escolas baseiam-se na brincadeira. O jogo infantil tem sido defendido na Educação Infantil como recurso para a aprendizagem e o desenvolvimento das crianças. O modo como ele é concebido e apropriado pelos professores infantis, todavia, revela alguns equívocos.

Os que trabalham com a educação de crianças até cinco anos falam muitas vezes em jogo simbólico, sem, contudo, dar mostras de terem elaborado de um modo mais científico como ele ocorre e qual sua função no desenvolvimento humano. Chega-se a propor, como metodologia da Educação Infantil, o "dar o jogo simbólico às crianças", ignorando ser o jogo uma disposição pessoal delas para agir de modo simbólico em algumas situações. Ou, no polo oposto, simplesmente se decide deixar a criança brincar como queira, como se jogar fosse algo próprio da natureza biológica da espécie e, portanto, não necessitasse de suportes culturais. Assume-se, assim, uma concepção espontaneísta de educação e uma versão romântica de um processo realizado apenas sob impulsos internos, o qual permite relaxar tensões, mas não construir algo novo. Outros professores tratam o jogo infantil em uma versão restrita de aprendizagem e em clima "cor-de-rosa", mas sob o controle dos adultos.

O que as concepções apresentadas terminam fazendo é afastar o professor como figura de interação e interlocução, ou seja, como parceiro da criança em seu processo de desenvolvimento, ignorando que, nesse processo, certas noções estão-se construindo, ou poderão se construir, desde que se cuide para que isso ocorra. O jogo é, precisamente, uma atividade que tem que ver com conteúdos e habilidades trabalhados pela criança em seu desenvolvimento no interior de uma cultura concreta.

A brincadeira é o recurso privilegiado de desenvolvimento da criança pequena por acionar e desenvolver processos psicológicos — particularmente a memória e a capacidade de expressar elementos com diferentes linguagens, de representar o mundo por imagens, de tomar o ponto de vista de um interlocutor e ajustar seus próprios argumentos por meio do confronto de papéis que nele se estabelece, de ter prazer e de partilhar situações plenas de emoção e afetividade.

A brincadeira infantil beneficia-se de suportes externos para sua realização: rituais interativos, objetos e brinquedos, organizados ou não em cenários (casa de bonecas, hospital etc.), que contêm não só temas, mas também regras. Em virtude disso, o professor pode organizar áreas para desenvolvimento de atividades diversificadas que possibilitem às crianças estruturar certos jogos de papéis em atividades específicas. Vejamos alguns exemplos.

Em uma creche, as crianças de três, quatro e cinco anos gostavam de ficar por muito tempo, em uma área onde foi montado um supermercado em miniatura, classificando elementos — no caso, produtos naturais (como frutas e vegetais) e produtos industrializados (de limpeza, de higiene, de alimentação) —, colando-lhes rótulos com símbolos por elas criados e desempenhando em rodízio os papéis de comprador e vendedor. Em outras duas áreas da creche foram organizadas casinhas: uma delas permitia que as próprias crianças assumissem papéis de membros de uma família humana. Sendo elas próprias as personagens dos enredos, utilizavam-se do corpo, além da voz, como recurso expressivo-comunicativo. Na outra eram dramatizados episódios da vida fantástica de uma família de ursinhos. Nessas situações, as crianças podiam manipular os bonecos-personagens, emprestando-lhes a voz.

Em uma pré-escola, as crianças de cinco e seis anos gostavam muito de brincar de loja de sapato. No papel de compradoras, aprendiam a comprar, a explicar o que queriam, a experimentar os modelos e pagar pela mercadoria. Como vendedoras, aprendiam a usar determinados modos de convencer a clientela, a inventar uma unidade para medir o tamanho dos pés dos fregueses e o dos modelos de sapato disponíveis, a cobrar, receber o dinheiro e devolver eventuais trocos. Enquanto isso, outra turma utilizava o cantinho da cozinha, criado em outra área da sala, em que existiam livros e cartazes com receitas escritas de forma simples. As crianças liam as receitas, buscavam os mantimentos, mediam-nos e os preparavam. A participação tanto dos meninos quanto das meninas era estimulada nos dois contextos lúdicos como forma de superar certos estereótipos relativos a gênero que circulavam entre as crianças.

Esses jogos de papéis que as crianças estabelecem com os companheiros de idade permitem o desenvolvimento de certas habilidades e conhecimentos, já que o apoio do professor as auxilia a entrar nos personagens e a agir segundo suas características. Em áreas organizadas nas salas como cenários para desenvolvimento de alguns temas de faz de conta, podem ser trabalhadas a imaginação, a expressão corporal dramática, a representação da vida diária e do fantástico. Podem ainda ser construídas habilidades de argumentação e de cálculo, à medida que as atividades realizadas pelas crianças promovam diferentes competências delas.

Em certas ocasiões, um tema pode ser mais enfatizado (por exemplo, uma festa das bruxas). Em outras, são as regras o principal elemento de controle. Mas é sempre fundamental para a criança envolver-se com o jogo, e isso depende de ela sentir-se emocionalmente bem na relação com o entorno humano: os professores e as outras crianças.

Podem-se ainda propor jogos de manipulação às crianças menores, com um enfoque de estimulação sensorial, a fim de promover a exploração do ambiente. Para as maiores podem-se propor jogos motores, de exploração, jogos simbólicos ou jogos didáticos (de mesa) para aprendizagem, por exemplo, de matemática. É possível organizar a atividade, deixando as crianças circular pelos ambientes e envolver-se em diferentes tipos de jogos. Nessa situação, a atitude do professor é a de ser um observador cuja tarefa é acompanhar a riqueza das interações infantis que aí ocorrem.

Há professores que tomam, por exemplo, a figura de um avião ou o desenho de uma ponte feito pela criança para estimular a turma a criar uma história e nela assumir papéis. Outros supervisionam dramatizações realizadas pelas crianças para fazê-las avançar na construção de enredos mais longos, seja os criados por elas próprias, seja os tirados de histórias infantis ou contos de fada, levando-as a caracterizar de forma cada vez melhor os personagens com respeito a posturas, voz, indumentárias, cenários e cenas.

A intervenção do professor deve basear-se em uma análise das situações de jogo produzidas pelas crianças, em relação tanto a seu conteúdo (temas, personagens, clima emocional etc.) como a seus aspectos externos ou formais (normas, uso dos materiais, organização do espaço, modos de desempenhar os papéis como protagonista ou não, e outros). Quando percebe que uma criança já está dominando uma situação e mostra-se pronta para novos desafios, o professor pode atuar sobre as regras do jogo, tornando-as mais difíceis; por exemplo, ao pedir à criança que ande apenas sobre um pé, como se tivesse machucado o outro.

A cada etapa do desenvolvimento, certos jogos existentes em nossa cultura são particularmente interessantes. Jogos expressivos e corporais são muito apropriados para os bebês, ao passo que os de manipulação e de faz de conta constituem grandes desafios às crianças de dois a seis anos. Já as brincadeiras tradicionais são apreciadas e vantajosas à aprendizagem para as diferentes idades, mesmo que os bebês apenas as observem e imitem os movimentos por meio de gestos corporais.

3. A pedagogia de projetos didáticos

Outra tendência que se tem apresentado de forma cada vez mais frequente é a organização do currículo da creche e da pré-escola ao redor de atividades autorrelacionadas e autodirigidas em projetos didáticos. Estes reconhecem a importância de a criança ter, desde cedo, experiências com os objetos da cultura por meio de atividades como cantar, tocar instrumentos musicais, ouvir histórias, brincar com areia e água, modelar com argila, pintar, passear, construir com blocos, compor quebra-cabeças, observar animais e cuidar deles, realizar brincadeiras no pátio.

Os projetos didáticos organizam-se segundo temas sobre os quais as crianças vão tecer redes de significações. São propostos como estratégias de ensino que buscam superar uma visão de estabilidade e transparência do ambiente em que elas estão inseridas, o qual apenas precisaria ser conhecido. Abrem possibilidades para cada criança indagar, criar relações e entender a natureza cognitiva, estética, política e ética de seu ambiente, atribuindo-lhe significados.

Cada creche ou pré-escola pode organizar seu currículo ao redor de projetos didáticos que tenham a preocupação de trabalhar as emoções, a linguagem, a imaginação, além de noções pertencentes à esfera do conhecimento lógico (este, sim, mais verbal, mas explorado em situações concretas). Esses projetos devem ser desenvolvidos durante um tempo variável do ano escolar, por meio de múltiplas atividades. As próprias crianças devem participar do planejamento e avaliação dos projetos didáticos.

Em uma creche, os professores da turma de bebês organizaram o espaço da sala montando áreas cobertas com diferentes texturas e topografias, para possibilitar-lhes sensações táteis diversas ao se movimentarem. Nesses espaços dispuseram materiais diversificados (aros, raquetes, bolas, cordas, caixas, escadas, gangorras, alvos variados, como cestas, discos etc.) com os quais introduziam os bebês em atividades variadas (jogos, marchas, danças, corridas, dramatizações), incentivando atos de correr, saltar, escalar, pular, balançar, andar. Tudo isso era muitas vezes acompanhado de músicas cantadas pelas educadoras, que usavam alguns adereços, como panos, fitas, objetos, brinquedos, e interpretavam canções que eram verdadeiras narrativas cantadas.

Um agradável cenário para as brincadeiras foi montado na sala, com cabaninhas, muitas vestimentas para fantasias e personagens especiais: uma enorme boneca de pano, um grande urso de pelúcia, um personagem de conto de fada — seres a quem as crianças atribuíam projetos, necessidades e emoções, criando novos recursos educacionais para seu desenvolvimento.

Os bebês foram ainda cercados de espelhos cuidadosamente dispostos pela sala, os quais multiplicavam os espaços, além de muitos outros estímulos visuais e cinéticos. Entre eles, painéis com discos de madeira pintados com grafismos variados que, quando movimentados pelas crianças, produziam efeitos ópticos belíssimos e muito apreciados por elas, além de grandes recipientes com água em que pequenas bolas de material plástico colorido flutuavam. Nesse espaço, o professor procurava responder à curiosidade da criança sobre determinados aspectos e chamar-lhe a atenção para outros.

Na verdade, a elaboração de uma sequência de atividades relativas a um eixo temático que se projeta no tempo e constitui o mote principal da ação permite à criança integrar sua experiência com diferentes propostas. Isso pode ser feito, por exemplo, com a organização de sequências de atividades, como representar um objeto associado a uma história lida pelo professor com um conjunto de peças para serem encaixadas, desenhar depois o que foi representado e, finalmente, contar e "escrever" uma história com base na representação do desenho.

Ajudar a criança a articular sua história e a de seu grupo familiar e de vizinhança com a de outros grupos possibilita-lhe iniciar um trabalho de compreensão das relações entre proximidade e distância, investigando diferenças e permanências que se percebem entre os grupos. Trata-se de bom ponto de partida para ela aprender, por exemplo, que os aspectos produtivos do espaço rural ou urbano, da praia ou da montanha, condicionam a situação de vida das populações que aí habitam.

A criança, desde pequena, pode desenvolver modos de observar o mundo pela apropriação de certos conceitos e habilidades. Tal aprendizado ocorre pela exploração individual ativa e pelo trabalho em grupo, quando as crianças confrontam seus significados e hipóteses. Como nasce em um ambiente que elaborou sistemas numéricos como forma de atuar sobre o mundo, a criança, desde cedo, é posta para trabalhar com noções de quantidade nas interações estabelecidas com seus parceiros, as quais, por exemplo, a ajudam a distinguir entre *muito* e *pouco*. Ela, além disso, logo reconhece numerais nos canais de TV, no painel do elevador, no resultado de um jogo esportivo. Depois, utiliza-se deles para orientar-se nas situações.

O trabalho na creche e pré-escola pode consolidar essas aquisições, criando situações em que a criança passe a relacionar de modo cada vez mais complexo as quantidades dos objetos que a rodeiam, com base em classificações, seriações, comparações e ordenações feitas com a intervenção cuidadosa do professor ou com a participação de outra criança.

Daí a importância de um projeto didático preocupado em favorecer a construção das primeiras habilidades de matematização do mundo e oferecer às crianças oportunidade para trabalhar com diferentes materiais em situações diversas e criativas, como usar um bloco de madeira para medir o comprimento de uma mesa, realizar contagens e classificações e fazer estimativas. Isso cria condições para que, na interação que estabelecem com o professor, as crianças discutam as unidades de medida selecionadas, suas antecipações e achados e o modo de registro dos resultados obtidos. Podem com isso aprender sobre correspondência entre termos, relações numéricas, sistemas de classificação e ordenação, noções geométricas básicas de volume, área e forma, maneiras de medir tamanho, peso e temperatura de diferentes objetos e duração de fenômenos. Como ferramentas a serem usadas na vida cotidiana, aqueles materiais colaboram com o desenvolvimento de formas de raciocínio abstrato e lógico.

Novamente, vamos analisar algumas situações.

Um trabalho com o jardim e a horta realizado durante todo o ano em uma pré-escola permitiu às crianças observar a evolução da natureza, a ocorrência da chuva e de outros fenômenos climáticos. Paralelamente, a professora elaborou com elas quatro bonecas de pano, vestindo-as de modo característico a cada uma das estações do ano. Trouxe ainda para a classe as reproduções de quatro quadros cujos motivos eram as estações e incentivou-a a identificar como cada autor registrou na paisagem sinais relativos ao período do ano. Finalmente, levou as crianças para uma visita ao museu da cidade, a fim de que vissem como outros autores representavam as estações do ano.

Em outra pré-escola, os professores, após perceberem a curiosidade dos alunos pelos primeiros exploradores portugueses que vieram ao nosso país — tema muito divulgado pela televisão na época —, decidiram propor ao conselho da escola um projeto didático a ser desenvolvido com as crianças de três a seis anos sobre o tema "Brasil 500 anos". Segundo eles, as crianças poderiam ser ajudadas a considerar a ação humana, o trabalho, como o motor de transformação do mundo.

No desenvolvimento do projeto, usaram diversas estratégias de recriação de temas e conceitos. Com base em leituras feitas para elas, de filmes a que assistiam e da coordenação da educadora, as crianças eram convidadas a reproduzir, pela construção com grandes blocos de madeira, as paisagens que lhes foram dadas a conhecer. Eram também convidadas a explorar as relações sociais que observaram nas comunidades antigas apresentadas em dramatizações organizadas para isso. Registros escritos, gráficos, além de relato oral em grupo, foram usados pelas crianças para concretizarem sua aprendizagem, e seus trabalhos foram expostos pela sala de modo organizado, com frases sobre o que representavam ditadas pelas crianças para o professor escrevê-las. As salas ficaram, assim, cheias de móbiles, cartazes, frases e construções, testemunhando a constituição de representações.

Um projeto, como toda situação humana, desperta, entretanto, uma série de sentimentos que devem ser trabalhados pelo professor. No projeto relatado, o tema "viagem" gerou muito medo na turma de três anos. As crianças queriam saber se os portugueses vieram sós (sem suas famílias, ou melhor, sem suas mães e pais) e o que trouxeram em suas malas (seus pertences pessoais). Os professores criaram oportunidade para que elas discutissem suas experiências de viagens, os objetivos delas e quem liderava a situação. Não foi difícil, depois, encaminhar a discussão para os feitos dos portugueses. As crianças de quatro anos a todo momento queriam comparar o que estava sendo aprendido ali com o que sabiam das viagens de Gulliver, tema que haviam discutido fazia algum tempo. O sentido heroico das viagens muito lhes impressionava e, em suas dramatizações, costumavam misturar os enredos, criando personagens muito valentes, super-heróis, com os quais identificavam os navegadores lusitanos.

Compreender os objetivos dos navegadores portugueses era difícil para elas, embora tenha ficado claro para todas que uma das implicações práticas daquelas viagens foi a criação do Brasil. As crianças de cinco anos frequentemente dramatizavam representações sobre os exploradores em suas brincadeiras de faz de conta e nelas imitavam momentos de decisão e estratégias de solução de problemas de navegação vividos pelos portugueses. Os mais velhos já procuravam escrever cartas ao rei, tal como fez Pero Vaz de Caminha, preocupavam-se em mostrar no mapa a trajetória da viagem de Cabral e se interessavam enormemente pelo conhecimento de como são feitos os navios modernos.

Por intermédio do projeto didático relatado, as crianças foram ajudadas a entender como, em seu desenvolvimento histórico, as sociedades criaram organizações culturais com seus símbolos, suas relações de poder etc. e elaboraram ritos e mitos como formas básicas de conhecimento e ação social. Puderam conhecer as transformações graduais que ocorreram na forma de o homem ocupar certos espaços para garantir sua sobrevivência física e social, as estruturas de poder e manutenção social, além de formas simbólicas de interpretar o mundo (ciências, artes, mitos, religiões), produzindo artefatos e tecnologias.

Além do tempo, o projeto relatado abre a oportunidade de trabalhar com as crianças suas noções de espaço. Viajar, deslocar-se, orientar-se são, entre outras, questões que logo as crianças se propõem. Criar cenários com base em narrativas de histórias, passear pelo bairro da creche e pré-escola, comentar sobre cenas apresentadas na TV ajudam na construção de conceitos espaciais.

A transformação da natureza pela atividade econômica pode perpassar o desenvolvimento de outros projetos didáticos. Essa foi a preocupação de uma pré-escola de uma região canavieira do Estado de São Paulo, a qual desenvolveu um projeto didático com as crianças de seis anos, filhas de uma população de classe média, sobre o ciclo da cana-de-açúcar. As atividades realizadas foram pensadas após um trabalho de confecção de doces muito apreciado por elas, que quiseram saber como era fabricado o açúcar. Foram levadas a uma fazenda para conhecer o plantio da cana-de-açúcar. Visitaram, depois, uma usina de álcool para observarem a transformação da cana em açúcar e outros derivados, como o álcool, a energia elétrica etc. Fizeram entrevistas, em todas as etapas, com os trabalhadores que delas se encarregavam. Para terminar, visitaram um posto de abastecimento de combustível para veículos existente perto da escola, onde descobriram como o álcool era usado como combustível. Um cantinho da sala foi organizado para expor elementos — sementes, tampinhas, pedrinhas e outros — por elas coletados durante a visita, os quais foram classificados e organizados em séries. Colecionar foi útil para reativar a memória das situações vividas, servindo como forma de registro delas.

O estudo, com as crianças, de processos de transformação no tempo e espaço e nas condições de determinado elemento — a cana-de-açúcar — buscou detectar ciclos e regularidades, dimensionar o fenômeno em questão, compreender as regulações e o equilíbrio dos sistemas e entendê-los como parte de processos evolucionários, em que predominam continuidades e rupturas. É evidente que outro teria sido o desenrolar desse projeto se ele tivesse sido trabalhado com crianças de zona rural ou filhos de trabalhadores boias-frias. O lado mais descritivo do plantio e do beneficiamento da cana talvez pudesse ser exposto de modo mais rápido. A ênfase poderia ser posta nas relações de trabalho, na identidade grupal.

Em certa pré-escola, as crianças ouviram histórias sobre bruxas, elementos da tradição europeia transmitidos desde a Idade Medieval. Por causa do interesse que o tema "bruxas" despertou, ele foi escolhido para orientar um projeto didático com crianças de quatro e cinco anos. Com base no que já sabiam, as crianças elaboraram com a professora cartazes com bruxas, aranhas, fantasmas, bicho-papão e uma série de outros elementos dos quais tinham medo. O tema, na percepção das crianças, associou-se à noção de escuro e aos sentimentos — culturalmente transmitidos — que essa noção lhes despertava. Como forma de se sentirem mais confiantes, decidiram, com a professora, propor um novo tema para dar sequência ao trabalho: o tema "luz". Na área comum a todas as turmas, foi dependurada uma série de arandelas ocidentais e orientais e montada uma loja para vender artigos elétricos que tinha até uma antiga máquina registradora, que as crianças adoravam operar. Em outra área, criaram uma oficina de consertos de bicicletas, onde todos podiam aprender a consertar a lanterna dianteira delas. Em um terceiro espaço, puseram várias baterias, como as de automóveis, para que aprendessem a usá-las para acender terminais luminosos e campainhas. As crianças ainda escreveram cartazes de sinalização da loja e da oficina, usando símbolos por elas inventados.

Novamente, a questão da relação afetiva da criança com o tema em debate é destacada. A vivência dela, desde o nascimento, em seu ambiente social leva-a a elaborar certas "leituras" de seu cotidiano, formas de significação produzidas no confronto com representações sociais dos adultos que com ela interagem. Por isso é tão importante procurar estabelecer constante relação entre a criança e os tempos e espaços, conforme sua história de vida.

O projeto didático pode possibilitar às crianças diferenciar suas próprias experiências das de outras pessoas, pensar o presente e o passado, o sentido do tempo e do espaço. Por meio do projeto, podem ver o espaço como uma construção histórica organizada socialmente para atender necessidades criadas nas comunidades e trabalhar o tempo como um ato de liberação do presente, considerando as diferentes temporalidades existentes no cotidiano. Suas representações sobre o tema são reelaboradas pelo olhar da professora, que, durante todo o processo, tenta apreender as hipóteses e as significações infantis.

Para completar a apresentação dessas possibilidades de organização do trabalho pedagógico em creches e pré-escolas, vale lembrar que há um amplo leque de atividades que podem ser promovidas nas unidades de Educação Infantil, tal como apontam as Diretrizes Curriculares Nacionais que passaram a orientar a área (Resolução CNE/CEB nº 05/09) em seu artigo oitavo:

> *"As práticas pedagógicas que compõem a proposta curricular da Educação Infantil devem ter como eixos norteadores as interações e a brincadeira, garantindo experiências que:*

I – promovam o conhecimento de si e do mundo por meio da ampliação de experiências sensoriais, expressivas, corporais que possibilitem movimentação ampla, expressão da individualidade e respeito pelos ritmos e desejos da criança;
II – favoreçam a imersão das crianças nas diferentes linguagens e o progressivo domínio por elas de vários gêneros e formas de expressão: gestual, verbal, plástica, dramática e musical;
III – possibilitem às crianças experiências de narrativas, de apreciação e interação com a linguagem oral e escrita, e convívio com diferentes suportes e gêneros textuais orais e escritos;
IV – recriem, em contextos significativos para as crianças, relações quantitativas, medidas, formas e orientações espaçotemporais;
V - ampliem a confiança e a participação das crianças nas atividades individuais e coletivas;
VI – possibilitem situações de aprendizagem mediadas para a elaboração da autonomia das crianças nas ações de cuidado pessoal, auto-organização, saúde e bem-estar;
VII – possibilitem vivências éticas e estéticas com outras crianças e grupos culturais, que alarguem seus padrões de referência e de identidades no diálogo e reconhecimento da diversidade;
VIII – incentivem a curiosidade, a exploração, o encantamento, o questionamento, a indagação e o conhecimento das crianças em relação ao mundo físico e social, ao tempo e à natureza;
IX – promovam o relacionamento e a interação das crianças com diversificadas manifestações de música, artes plásticas e gráficas, cinema, fotografia, dança, teatro, poesia e literatura;
X – promovam a interação, o cuidado, a preservação e o conhecimento da biodiversidade e da sustentabilidade da vida na Terra, assim como o não desperdício dos recursos naturais;
XI – propiciem a interação e o conhecimento pelas crianças das manifestações e tradições culturais brasileiras;
XII – coloquem as crianças na utilização de gravadores, projetores, computadores, máquinas fotográficas, e outros recursos tecnológicos e midiáticos.
Parágrafo único – As creches e pré-escolas, na elaboração da proposta curricular, de acordo com suas características, identidade institucional, escolhas coletivas e particularidades pedagógicas, estabelecerão modos de integração dessas experiências".

O convite a cada professor e equipe das unidades de Educação Infantil no sentido de revisão e aprimoramento das experiências de aprendizagem e desenvolvimento das crianças fica assim colocado.

Para saber mais

FERREIRO, Emília & TEBEROSKY, Ana. *Psicogênese da língua escrita*. Porto Alegre: São Paulo: Artes Médicas; Autores Associados, 1985.

FRIEDMANN, Adriana. *Brincar, crescer, aprender*: o resgate do jogo infantil, São Paulo: Moderna, 1996.

KISHIMOTO, Tizuko Morchida. *Jogos tradicionais infantis*: o jogo, a criança e a educação. Petrópolis: Vozes, 1993.

Sugestão de atividade

Faça um quadro comparativo dos três modelos curriculares apresentados.

XVIII

O trabalho com crianças com necessidades educativas especiais

Esta denominação tem sido recentemente substituída pela noção de crianças com *deficiências, transtornos globais de desenvolvimento* e *altas habilidades/superdotação.*

A representação da criança com algum tipo de deficiência como alguém que deveria ser ensinado em separado das outras foi historicamente construída. Com o tempo, as modificações em muitas concepções que davam suporte ao modelo acima contribuíram para a construção histórica de outra concepção, que indagou qual deveria ser o melhor contexto de aprendizagem e desenvolvimento para essa criança.

Hoje, considera-se que as crianças com necessidades educativas especiais são, antes de tudo, crianças e devem conviver com as outras em ambientes cotidianos com sua complexidade habitual, e não mais ser mantidas isoladas e interagindo em um mesmo pequeno grupo por muitos anos, o que as leva a modificar muito pouco suas habilidades e conhecimentos.

Essa nova concepção fundamenta a presente legislação brasileira, que claramente tem um posicionamento favorável a uma visão de educação especial que luta contra a exclusão dos portadores de deficiência das experiências vividas nas escolas. (Veja a Constituição de 1988, o Estatuto da Criança e do Adolescente, artigo 54, alínea III, promulgado em 1990, e a Lei de Diretrizes e Bases da Educação Nacional de 1996, em seu artigo 4º, alínea III.)

O novo contexto aponta como local privilegiado para a educação das crianças com necessidades especiais as instituições regulares de ensino, e não mais a escola especial, e dá suporte ao compromisso técnico de garantir-lhes o acesso às conquistas culturais postas a serviço das crianças em geral, como o aprendizado da escrita, do cálculo, de noções básicas acerca do mundo e de outras habilidades envolvidas em funções cognitivas variadas. Considera-se, hoje, que a educação especial não pode mais ser olhada como um sistema paralelo à educação geral, e sim fazer parte dela como um conjunto de recursos pedagógicos e de serviços de apoio que facilitem a aprendizagem de todos em turmas regulares.

Isso, evidentemente, traz a todas as creches e pré-escolas a sensação de enfrentar um grande desafio: encontrar metodologias de ensino e recursos diferenciados que assegurem êxito na tarefa de atingir os objetivos curriculares básicos propostos às crianças com necessidades educativas especiais. Todavia, quanto mais se estuda sobre o tema, mais forte é a conclusão de que esses recursos são, em sua maior parte, básicos para qualquer processo de ensino bem orientado: ambiente organizado, programações diferenciadas, material pedagógico diversificado e, principalmente, um clima de aceitação de diferenças interpessoais.

A formação continuada dos professores deve capacitá-los para conhecer melhor o que hoje se sabe a respeito das possibilidades de trabalho pedagógico de promoção do desenvolvimento de todas as crianças com necessidades educacionais especiais, bem como para auxiliar essas crianças na construção de conhecimentos cada vez mais ampliados e significativos acerca do mundo e de si mesmas.

O desenvolvimento delas requer a modificação dos métodos educativos e o uso de sistemas simbólicos alternativos, mas a meta do desenvolvimento deve ser a mesma que para a criança normal. A verdadeira reabilitação só pode ser alcançada mediante o desenvolvimento compensatório das formas superiores de atividades intelectuais informadas culturalmente —

atenção seletiva, inteligência verbal, memória lógica etc. —, que, por meio de um caminho alternativo, substituem as funções perdidas.

A intervenção pedagógica deveria centrar-se no desenvolvimento dos processos superiores mais suscetíveis de compensação, com maior atenção às relações interpessoais e à composição dos grupos infantis. Qualquer atividade de uma criança com deficiência deve ser compartilhada com um professor com o qual tenha uma relação de estímulo e confiança, *a fim de evitar que ela construa um sentimento de inferioridade*. A experiência coletiva proporciona material para um processo de compensação, mesmo quando a experiência não alcança o nível consciente.

Para essas crianças, o sistema de avaliação deve acompanhar as respostas que dão às situações criadas na creche e na pré-escola, auxiliá-las no estabelecimento de metas gradativas de desenvolvimento e mediar suas interações com outras crianças e com o meio físico e simbólico da instituição.

Isso envolve ainda rever as atividades propostas ao conjunto das crianças e torná-las acessíveis àquelas com necessidades especiais, repensar os espaços existentes, eliminando barreiras arquitetônicas, fazer uma boa apresentação do espaço físico à criança com necessidades educacionais especiais e oferecer oportunidades diversificadas para ela explorá-lo e descobrir formas de se apropriar dele.

Criar formas de acolher com naturalidade as novas possibilidades trazidas por essas crianças — por exemplo, o aprendizado, por parte de toda a comunidade escolar, do uso da língua de sinais ou o aprendizado do sentido de localização no espaço das crianças cegas etc. — pode garantir uma ampliação do repertório de todas as crianças que frequentam a creche e a pré-escola, com grandes consequências para seus processos de amadurecimento pessoal em uma cultura que luta contra formas diversas e injustas de exclusão.

Articular o trabalho nas creches e pré-escolas com aquele realizado pelos setores especializados de atendimento é muito oportuno, particularmente para estabelecer alguns cuidados básicos que devem ser garantidos nas instituições educacionais, como um direito das crianças com necessidades educacionais especiais: o de serem adequadamente tratadas em virtude de suas características.

Uma proposta dessa natureza pode trazer inquietações e preocupações a grande número de pessoas. Discutir com elas a mudança de paradigma em relação à deficiência e ao tratamento educacional dispensado a crianças com necessidades educativas especiais implica trabalhar várias resistências, num esforço que envolve todos os profissionais da educação e as famílias de todas as crianças da escola.

Os professores e técnicos da área de educação especial necessitam rever os paradigmas que têm pautado sua atuação na área e fazer uma avaliação dos resultados efetivos do trabalho realizado de acordo com eles. Para alguns, a nova proposta vai representar severa crítica a um modo de trabalho que se acreditava correto e para o qual os pequenos avanços alcançados eram a comprovação das precárias possibilidades de desenvolvimento das crianças com deficiência, e não o resultado de uma metodologia que necessitava ser substituída por outra mais estimulante e mediadora de avanços mais significativos.

Já os professores das classes comuns foram geralmente formados para considerar que qualquer criança que apresentasse algum tipo de dificuldade no processo de desenvolvimento deveria ser encaminhada para triagem e atendimento em serviços especializados, gerando uma "patologização" dos processos de aprender. Esses professores incorporaram a concepção de que eles próprios não devem trabalhar com as crianças com necessidades educativas especiais e de que um processo de ensino é mais bem-sucedido se houver homogeneidade nas classes escolares.

A esses professores cumpre dizer que as crianças com necessidades educativas especiais são crianças iguais às outras, apesar das diferenças, e devem, isto sim, ser trazidas para enriquecer os processos de aprendizagem — o que requer dos educadores a busca de novas estratégias de ensino, contrariando a superada noção que advoga a (suposta) homogeneidade dos grupos de aprendizagem como condição do bom ensino.

Os pais das crianças com necessidades educacionais especiais representam outro grupo importante de atores do processo educacional cuja contribuição para a mudança de paradigmas deve ser garantida. Muitos deles se apropriam de concepções hoje já superadas que entendiam que, se uma criança apresenta certas características que a diferenciam das outras, deve ser objeto de uma ação didática menos exigente, voltada para o alcance de objetivos educacionais bem elementares e realizada em um ambiente controlado.

Sob essa influência, muitos pais se conformam com esperar bem pouco do desenvolvimento dos filhos. Por isso, podem temer a possibilidade de que suas crianças sejam incluídas em turmas regulares de creches e pré-escolas, o que para eles é sinônimo de abandono, de hostilidade e zombaria por parte dos colegas, de estimulação muito exigente ou, ao contrário, de total falta de estimulação por parte dos professores, de espaço físico complexo, inadaptado às necessidades de seus filhos e excessivamente tumultuado pelas dinâmicas dos grupos infantis. Todas essas considerações devem ser tomadas com seriedade, mas devem ser esclarecidas, para não impedirem uma ação educacional que hoje se acredita ser mais benéfica a essas crianças.

A efetiva operacionalização das necessárias mudanças no cotidiano escolar para atendimento das crianças com necessidades educativas especiais em creches e pré-escolas parte de duas considerações: a de que todas as crianças, sem exceção, têm eficiências e deficiências em suas formas de se relacionar com o mundo e a de que devemos trabalhar para a ampliação de suas eficiências. Com isso se procura garantir ocasiões de múltiplas interações nos ambientes das creches e pré-escolas, não excluindo de forma alguma a criança com necessidades educacionais especiais, de modo que todas as crianças tenham a oportunidade de aprender com as contribuições de cada um de seus colegas, em uma relação de alteridade.

Para saber mais

YAZLLE, Cláudia Helena Diógenes; ROSSETTI-FERREIRA, Maria Clotilde. Como será que eu vou me virar com ele na turma? Crianças portadoras de deficiência são capazes de fazer algumas coisas e outras não. Como todo mundo. In: ROSSETTI-FERREIRA, M. C. *et al. Os fazeres na Educação Infantil.* São Paulo: Cortez, 2000. p. 59-62.

Sugestão de atividade

Procure observar crianças com necessidades educativas especiais incluídas em turmas de creches e pré-escolas. O que elas mais apreciam fazer? Que situações mais as entusiasmam? Quais situações provocam-lhes desconforto? Como é a relação delas com os vários colegas? E com a professora?

XIX

A avaliação na Educação Infantil

As programações educacionais são "apostas", pois avaliam a possibilidade de determinada ação ser o caminho mais promissor para o desenvolvimento da criança. A concepção educacional exposta neste livro exige a superação de modelos didáticos preestabelecidos e rígidos e reconhece o valor da experimentação, da avaliação e da correção de rotas no processo, em sintonia com as interações criadas com base nas necessidades e experiências das crianças, em seu universo simbólico-cultural. É nesse sentido que se propõe a avaliação na Educação Infantil: como ferramenta para o arranjo de boas condições para o desenvolvimento de meninos e meninas desde o nascimento.

A avaliação do desenvolvimento infantil deve atuar como recurso para auxiliar o progresso das crianças. Graças às informações que o processo avaliatório lhe oferecer, o professor poderá sentir-se seguro a respeito da forma como as situações de aprendizagem foram organizadas ou perceber a necessidade de modificá-las.

A avaliação educacional requer um olhar sensível e permanente do professor para compreender as crianças e responder adequadamente ao "aqui e agora" de cada situação. Perpassa todas as atividades, mas não se confunde com aprovação/reprovação. Sua finalidade não é excluir, mas exatamente o contrário: incluir as crianças no processo educacional e assegurar-lhes êxito em sua trajetória por ele.

A LDB assim se pronuncia a respeito da avaliação na Educação Infantil: "Na Educação Infantil a avaliação far-se-á mediante acompanhamento e registro do seu desenvolvimento, sem o objetivo de promoção, mesmo para o acesso ao ensino fundamental" (Lei nº 9394/96, artigo 31).

As crianças devem sentir-se aceitas incondicionalmente, embora alguns de seus comportamentos possam ser modificados. O importante é o professor servir-se de modelos de avaliação do desenvolvimento, voltados para a detecção de *zonas de desenvolvimento proximal* de cada criança, ou seja, buscar conhecer caminhos emergentes, e não meramente constatar obstáculos.

Para bem avaliar, o professor precisa superar vieses ideológicos e pessoais e proceder ao questionamento de estereótipos que atrapalham sua relação com as crianças. As fontes para o estabelecimento de indicadores de avaliação educacional devem levar em conta as teorias acerca do desenvolvimento infantil já elaboradas. Muitas delas consideram a criança como algo universal, e não como uma invenção social no interior de uma rede de relações de poder, de preocupações políticas e de investimentos de valor. Decorre daí que a classificação das crianças, segundo uma escala de méritos e valores, geralmente orientada por informes vulgarizados da psicologia, exerce nelas efeitos muito marcantes, atribuindo-lhes qualidades psicológicas e morais que terminam por funcionar como canalizadores do seu desenvolvimento, dentro do que foi chamado de "profecia autorrealizadora".

Ao contrário, as análises integrantes da avaliação são, a um só tempo, situacionais, por envolverem respostas da criança a um conjunto de fatores, e provisórias, visto que a criança e a relação que ela estabelece com seu ambiente estão em constante mudança. Novas pesquisas sobre o desenvolvimento infantil feitas em diversos países revelam que as crianças demonstram diferentes competências sociais, dependendo da forma como interagem com seus contextos de desenvolvimento. Estes envolvem uma ecologia física e social em que se incluem as estratégias de cuidado e de interação utilizadas. Daí a necessidade de uma definição mais sofisticada dos ambientes socioculturais em que a criança se insere.

Avaliar a Educação Infantil implica detectar mudanças em competências das crianças que possam ser atribuídas tanto ao trabalho realizado na creche e pré-escola quanto à articulação dessas instituições com o cotidiano familiar. Implica analisar, com base em escalas de valores, as mudanças evidenciadas. Exige o redimensionamento do contexto educacional — repensar o preparo dos profissionais, suas condições de trabalho, os recursos disponíveis, as diretrizes defendidas, os indicadores usados —, para promovê-lo ainda mais como ferramenta para o desenvolvimento infantil. Envolve conhecer os diversos contextos de desenvolvimento de cada criança, sendo um retrato aberto, que pontua uma história coletivamente vivida, aponta possibilidades de ação educativa, avalia as práticas existentes. Trata-se de um campo de investigação, não de julgamento, que contribui decisivamente para a busca de uma proposta pedagógica bem delineada.

A avaliação deve assim incidir sobre todo o contexto de aprendizagem: as atividades propostas e o modo como foram realizadas: locais, momentos, materiais, instruções, apoios, modalidades de organização no tempo (sequência didática, ou atividade permanente, ou projeto), e também avaliar a forma como o professor respondeu às manifestações e às interações das crianças, e os agrupamentos que as crianças formaram na execução da atividade. Com esse olhar mais abrangente é possível ao professor pesquisar que elementos podem estar contribuindo, ou dificultando, para a aprendizagem e o desenvolvimento das crianças e então fortalecer, ou modificar, a situação.

O registro das observações realizadas é fundamental no exame de melhores caminhos para orientar as aprendizagens das crianças. Conforme as observações vão sendo feitas e registradas, é possível avaliar o trabalho realizado e refletir sobre o andamento, problematizando certos aspectos.

Por vezes são criadas oportunidades para as crianças demonstrarem o que conversam utilizando diferentes linguagens, seja desenhando, fazendo um gráfico, anotando números, escrevendo palavras ou frases simples, ou apresentando oralmente suas conclusões aos colegas.

Conhecer as preferências das crianças, a forma de elas participarem nas atividades, seus parceiros prediletos para a realização de diferentes tipos de tarefas, suas narrativas, pode ajudar o professor a reorganizar as atividades de modo mais adequado à realização dos propósitos infantis e das aprendizagens coletivamente trabalhadas. Essa forma de trabalho ainda auxilia os professores a partilhar com os pais o olhar acerca de seus filhos. Uma importante dinâmica de promoção do desenvolvimento se acha assim delineado. Dessa maneira familiares e professores podem trabalhar pela efetivação dos direitos de todas as crianças de zero a cinco anos a uma Educação Infantil de qualidade.

Para saber mais

HOFFMAN, Jussara. *Avaliação mediadora*: uma prática em construção da pré-escola à universidade. Porto Alegre: Mediação, 1995.

Sugestão de atividade

Elabore um roteiro de avaliação das crianças e das situações por elas vividas em creches e pré-escolas.

XX

Educar e cuidar em tempos da Base Nacional Comum Curricular para a Educação Infantil

Como apresentado anteriormente neste livro, a Educação Infantil em nosso sistema de ensino tem sofrido significativa transformação, como aponta uma série de fatores. Sua aplicação na Educação Básica pela Constituição Federal de 1988 e sua regulamentação pela Lei nº 9394, de 20 de dezembro de 1996 (LDB) tirou o atendimento em creches da esfera assistencial e o integrou ao trabalho pedagógico realizado nas pré-escolas dentro de uma perspectiva de constituírem a primeira etapa da Escola Básica: a Educação Infantil. Além disso, a extensa produção científica realizada em diferentes áreas do conhecimento sobre os processos de aprendizagem e desenvolvimento de crianças de até cinco anos de idade tem revolucionado a visão de criança pequena e suas possibilidades de aprender, bem como destacado questões como subjetividade, diversidade, justiça social e garantia de direitos às crianças desde o nascimento e trazido novas perspectivas para o trabalho pedagógico na Educação Infantil. Nessa perspectiva, cada vez mais, reitera-se a importância de se conhecer o modo como cada criança experimenta o mundo e se percebe acolhida ou excluída em sua comunidade, na unidade educacional, e na sociedade como um todo.

Todo esse contexto, provocado ainda pela obrigatoriedade de matrícula de crianças de quatro e cinco anos na pré-escola, tem ampliado a preocupação com a qualidade do trabalho realizado na Educação Infantil, em especial em relação ao quanto os direitos das crianças estão sendo respeitados. Também se têm buscado parâmetros que definissem o que seria básico para um bom trabalho pedagógico e discutido novas possibilidades para a gestão pedagógica das atividades cotidianas das crianças nas unidades educacionais.

Essa preocupação voltou recentemente a ser discutida pelos profissionais que atuam na Educação Infantil em resposta às determinações estabelecidas pelo PNE 2014-2024 (Lei Federal nº 13.005, de 25 de junho de 2014) de que fosse elaborada uma Base Nacional Comum Curricular para a Educação Básica que apontasse para cada etapa desta os direitos e objetivos de aprendizagem das crianças, como forma de orientar os sistemas de ensino e as escolas a construírem seus currículos.

A aprovação pelo Conselho Nacional de Educação de uma Base Nacional Comum Curricular (BNCC) (Resolução CNE/CP nº 2, de 22 de dezembro de 2017) criou para a Educação Infantil o desafio de manter a especificidade e a identidade já construída na etapa. Também propôs uma organização de situações educativas mediadoras da aprendizagem e do desenvolvimento das crianças diversa das organizações curriculares referentes aos demais níveis de ensino.

1. A Base Nacional Comum Curricular (BNCC) e a Educação Infantil

Um ponto central do documento é a definição de criança, de desenvolvimento infantil e de currículo referenciadas nas Diretrizes Curriculares Nacionais da Educação Infantil (DCNEI) de 2009 e já apresentadas neste livro quando tratamos do tópico "A organização de atividades culturalmente significativas".

As DCNEI definem a criança como "sujeito histórico e de direitos que interage, brinca, imagina, fantasia, deseja, aprende, observa, experimenta, narra, questiona e constrói sentidos sobre a natureza e a sociedade, produzindo cultura" (art. 4º, da Resolução CNE/CEB nº 5, de 17 de dezembro de 2009). O reconhecimento desse potencial aponta para o direito, desde o nascimento, de as crianças terem acesso a processos de apropriação, renovação e articulação de saberes e conhecimentos, como requisito para a formação humana, para a participação social e para a cidadania.

Tal definição explicita o modo de as crianças conhecerem o mundo social e da natureza ao se apropriarem das diferentes linguagens, tecnologias e conhecimentos que aí circulam, constituindo atitudes e ações de solidariedade aos demais e de sustentabilidade da vida no planeta Terra. Para isso, elas precisam imergir em interessantes situações, pesquisar as características dos objetos de conhecimento investigados, tentar soluções, perguntar e responder a parceiros diversos, expor ideias, em um processo ligado às possibilidades abertas pelas interações infantis.

As DCNEI propõem uma concepção de currículo que difere tanto de uma posição que destaca a transmissão unilateral do conhecimento pelos adultos, quanto de uma visão de que crianças devem ter acesso apenas o que suas culturas infantis lhes apresentam. Segundo o art. 3º da Resolução CNE/CEB nº 5, de 17 de dezembro de 2009, o currículo é concebido como

> *[...] um conjunto de práticas que buscam articular as experiências e os saberes das crianças com os conhecimentos que fazem parte do patrimônio cultural, artístico, ambiental, científico e tecnológico, de modo a promover o desenvolvimento integral de crianças de 0 a 5 anos de idade.*

Nessa concepção, o currículo é constituído pelo conjunto de situações cotidianas organizadas em cada unidade de Educação Infantil com base em seu projeto pedagógico. O foco é mediar a formação pela criança de uma visão plural de mundo e de um olhar que respeite as diversidades existentes entre as pessoas, apoiando as peculiaridades das crianças com deficiência, altas habilidades/superdotação, transtornos de desenvolvimento, distúrbios orgânicos ou outros problemas de saúde que impliquem cuidados e educação diferenciada. Para tanto, as instituições de Educação Infantil precisam conhecer e trabalhar as diversas culturas que constituem o espaço da creche e da pré-escola, a riqueza das contribuições familiares, suas crenças e manifestações, e os saberes e especificidades de cada comunidade. Isto possibilita uma excelente oportunidade para constante reflexão e intervenção no cotidiano da Educação Infantil no combate ao preconceito, ao racismo e às discriminações de gênero, étnico-racial, de classe social.

A responsabilidade dos professores e das unidades de Educação Infantil cotidianamente está em interagir com as crianças, observando seus modos de expressarem e elaborarem saberes. Com base nesse processo dinâmico de acolhimento dos saberes infantis, o(a) professor(a) seleciona conhecimentos do patrimônio cultural, artístico, ambiental, científico e tecnológico que sejam os mais significativos para as crianças e planeja possibilidades de situações interativas e contextualizadas, não se pautando em conteúdos preestabelecidos e lineares.

Assim a apropriação e a construção de conhecimentos pelas crianças nas unidades de Educação Infantil, não apenas urbanas, mas também nas áreas rurais, efetivam-se na participação delas em diferentes práticas culturais mediadas pelo(a) professor(a) nas quais interagem com adultos e companheiros de idade. Nessas interações, os bebês e as crianças pequenas recriam as práticas sociais e se apropriam de formas culturais de observar o mundo físico, social e natural a seu redor, de indagar sobre ele, de criar hipóteses e expor suas opiniões, em um processo em que manifestam de forma integrada o afeto, a emoção, a linguagem, a ludicidade.

2. Direitos de aprendizagem na Educação Infantil

Falar que aprender é um direito da criança desde pequena impõe algumas considerações. A primeira delas é relativa ao que se entende por aprender. Já apontamos nos capítulos "A construção social da criança" e "O desenvolvimento humano é uma tarefa conjunta e recíproca" que, desde cedo, a criança modifica seu comportamento e desenvolve novas e mais complexas habilidades na interação com familiares, colegas, educadores, entre outros sujeitos. Embora elementos orgânicos estejam envolvidos, essas modificações são muito mais devidas ao que é entendido como aprendizagem, forma básica de inserção da criança em determinada cultura com seus saberes e formas de sentir, pensar, agir, falar. Em segundo lugar, quando se fala em aprender, o foco difere muito da ideia de transmissão unilateral de saberes pelos adultos.

Considerando o disposto nas DCNEI, a BNCC estipula que seis direitos de aprendizagem devem ser garantidos às crianças, orientando-se os projetos político-pedagógicos de todas as unidades de Educação Infantil. Elas têm o direito de aprender a:

- **Conviver** com outras crianças e adultos, em pequenos e grandes grupos, utilizando diferentes linguagens, ampliando o conhecimento de si e do outro, o respeito em relação à cultura e às diferenças entre as pessoas.

- **Brincar** de diversas formas, em diferentes espaços e tempos, com diferentes parceiros (crianças e adultos) de forma a ampliar e diversificar suas possibilidades de acesso a produções culturais.

- **Participar** ativamente, com adultos e outras crianças, tanto do planejamento da gestão da escola e das atividades propostas pelo educador quanto da realização das atividades da vida cotidiana, como a escolha das brincadeiras, dos materiais e dos ambientes, desenvolvendo diferentes linguagens e elaborando conhecimentos, decidindo e posicionando-se.

- **Explorar** movimentos, gestos, sons, formas, texturas, cores, palavras, emoções, transformações, relacionamentos, histórias, objetos, elementos da natureza, na escola e fora dela, ampliando seus saberes sobre a cultura em suas diversas modalidades: as artes, a escrita, a ciência e a tecnologia.

- **Expressar** como sujeito dialógico, criativo e sensível, suas necessidades, emoções, sentimentos, dúvidas, hipóteses, descobertas, opiniões, questionamentos, por meio de diferentes linguagens.

- **Conhecer-se** e construir sua identidade pessoal, social e cultural, constituindo uma imagem positiva de si e de seus grupos de pertencimento, nas diversas experiências de cuidados, interações, brincadeiras e linguagens vivenciadas na instituição escolar e em seu contexto familiar e comunitário.

Esses direitos atendem aos princípios éticos, políticos e estéticos propostos pelas DCNEI e destacam saberes que são, ao mesmo tempo, meta da educação e recurso para o atendimento da criança dentro de um contexto acolhedor e apoiador das iniciativas infantis. Ou seja, as crianças aprendem a conviver democraticamente conforme convivem com diversos parceiros em um ambiente de escuta do outro, de respeito às diferenças, de negociações e acordos. O mesmo vale para os demais direitos: aprende-se a brincar brincando, a expressar fazendo uso de linguagens expressivas, entre outros.

Os direitos expostos devem permear o cotidiano das crianças, fundamentar as propostas de atividades feitas pelo(a) professor(a) e ancorar o projeto político pedagógico da unidade, pois diferem (felizmente!) em muito de outras possibilidades de orientar a proposta escolar, como a que coloca o direito/dever de aprender prioritariamente no obedecer, manter-se em silêncio, não sair do lugar.

A BNCC vai mais além em sua intenção de iluminar estruturas produtivas para a Educação Infantil, propondo para as crianças objetivos de aprendizagem e desenvolvimento dentro de uma organização curricular por campos de experiências possibilitada pelas Diretrizes Curriculares Nacionais para a Educação Infantil (DCNEI) (art. 9, § único, da Resolução CNE/CEB nº 5, de 17 de dezembro de 2009).

Em outras palavras, a BNCCEI não se orienta pelas disciplinas escolares tradicionais: Língua Portuguesa, Ciências, entre outras, ou por áreas de desenvolvimento (motor, sensorial, afetivo, linguístico, cognitivo), entre outras formas de organização curricular. Contudo, os campos de experiências fundamentam importantes processos de aprendizagem das crianças em sua cultura, os quais terão continuidade e progressão nas demais etapas da Educação Básica, quando serão trabalhados no Ensino Fundamental e Ensino Médio em Áreas de Conhecimento (Linguagens, Ciências Humanas, Ciências da Natureza e Matemática) e respectivos componentes disciplinares, além de consolidar formas de ação presentes ao longo de toda a vida.

No esforço de indicar como pode ser pensada a progressão de alcance das aprendizagens propostas, para cada um dos campos de experiências, a BNCCEI apontou objetivos de aprendizagem por faixas etárias: zero a dezoito meses, dezenove meses a três anos e onze meses e quatro anos e seis anos e onze meses. Com isso, os(as) professores(as) podem dispor de uma referência em relação aos objetivos que podem orientar o trabalho docente com cada grupamento, entendendo que o fato de uma criança não os alcançar não deve ser tomado obrigatoriamente como existência de "problemas" de aprendizagem. O importante é a continuidade e flexibilidade do apoio que o(a) professor(a) dá a cada criança nas experiências organizadas no cotidiano da unidade educacional como um todo.

Mais ainda, como as características do desenvolvimento das crianças ao longo da Educação Infantil são muito dinâmicas e obedecem a ritmos muito diferentes em cada criança, fica difícil prever que um determinado objetivo seja dominado pela maioria das crianças em um mesmo momento.

3. Campos de experiências

O termo "campos de experiências" comporta dois elementos: o de campo, entendido como um conjunto, e o de experiência, cuja compreensão pelo(a) professor(a) é fundamental no novo paradigma curricular. No esclarecimento do que se compreende por experiências, é preciso reconhecer, primeiro, o caráter prático-reflexivo que devem assumir as atividades propostas pelos professores às crianças, que nelas ampliarão sua forma de expressar, explorar, participar, pelo brincar com os colegas.

Também é importante evidenciar a valorização do sentido pessoal que cada criança empresta às vivências e aos conhecimentos nelas construídos. Duas crianças desenhando, brincando ou construindo um castelo vivenciam experiências singulares.

As experiências planejadas, efetivadas e avaliadas pelo(a) professor(a) quanto a seu papel de mediação da aprendizagem constituem situações concretas em que as crianças agem, emocionam-se, avaliam e propõem soluções, ou seja, vivenciam-na como experiência pessoal, o que atua na forma como cada uma delas se percebe como pessoa.

Pensar o trabalho com campos de experiências muda o foco do currículo da perspectiva do(a) professor(a) para a perspectiva da criança, que empresta um sentido singular às situações de aprendizagens, e aponta para a imersão da criança em práticas transdisciplinares abertas a suas iniciativas, desejos e formas próprias de agir, situações em que constroem noções, habilidades, atitudes e valores, e constituem sua identidade. Eles não devem ser trabalhados apenas em situações específicas, reunindo sequências de atividades de expressão, investigação, brincadeiras, entre outros exemplos, realizadas ao longo da jornada diária e semanal das crianças, mas envolvem todos os momentos presentes na jornada das crianças na Educação Infantil, incluindo o acolhimento inicial, o momento das refeições, a participação delas no planejamento das atividades, as festas com os pais, entre outros. De modo transversal, estes são também importantes momentos de aprendizagem e desenvolvimento.

Os cinco campos de experiências propostos na BNCCEI relacionam-se com as experiências propostas no art. 9º das DCNEI e já apresentadas neste livro. Vejamos:

- **O eu, o tu e o nós:** experiências que envolvem a construção da identidade da criança desde cedo, à medida que ampliam sua confiança e participação nas atividades individuais e coletivas; desenvolvem sua autonomia nas ações de cuidado pessoal, auto-organização, saúde e bem-estar e alargam seus padrões de referência e de identidade no diálogo e conhecimento da diversidade;

- **Corpo, gestos e movimentos:** experiências que reconhecem a importância da corporeidade e da cultura corporal nesta faixa etária e explorem a sensorialidade, a expressividade, a corporeidade infantil à medida que possibilitem movimentação ampla, expressão da individualidade e do respeito por ritmos e desejos da criança;

- **Escuta, fala, pensamento e imaginação:** experiências que propõem à criança: imergir em diferentes linguagens e dominar progressivamente vários gêneros e formas de expressão: gestual, verbal, plástica, dramática e musical; participar de narrativas, de situações de apreciação e interação com a linguagem oral e escrita, e do convívio com diferentes suportes e gêneros textuais orais e escritos; utilizar gravadores, projetores, computadores, máquinas fotográficas e outros recursos tecnológicos e midiáticos;

- **Traços, sons, cores e formas:** experiências que lidem com a sensibilidade estética das crianças ao se relacionar com diversificadas manifestações de música, artes plásticas e gráficas, cinema, fotografia, dança, teatro, poesia e literatura;

- **Espaços, tempos, quantidades, relações e transformações:** experiências que promovem melhor compreensão pela criança do mundo social e da natureza, desenvolvendo a curiosidade, a exploração, o encantamento, o questionamento, a indagação e o conhecimento em relação ao mundo físico e social, ao tempo e à natureza, e valorizando a interação, o cuidado, a preservação e o conhecimento da biodiversidade e da sustentabilidade da vida na Terra, assim como o não desperdício dos recursos naturais.

Cada campo de experiências oferece às crianças oportunidades de interagir com pessoas, objetos, situações e atribuir-lhes um sentido pessoal, mediados pelos professores para aprofundar as aprendizagens feitas. Eles podem servir de referência para o planejamento das ações isoladamente ou reunindo os objetivos de um ou mais campos, como veremos a seguir.

4. Instrumentos básicos da aprendizagem nos campos de experiências

Trabalhar com campos de experiências na Educação Infantil constitui um convite a uma nova forma de prática pedagógica que possa resultar em significativas aprendizagens não só para as crianças, mas também para o(a) professor(a).

Os eixos norteadores do currículo na Educação Infantil devem ser sempre pautados nos conceitos de interações, reconhecendo o valor das diversas relações nas quais a criança se envolve no aprendizado dos mais diferentes aspectos, e de ludicidade, como ação a ser priorizada nessa etapa de vida das crianças, dado que, ao brincar, elas interagem com os companheiros em cenas construídas a partir dos materiais disponíveis, de memórias de situações ou de histórias, de canções e rituais, trabalhando a linguagem verbal e corporal, os papéis sociais e as regras de vida social. (Deliberação CNE/CEB nº 20/2009).

As interações e o brincar criam situações nas quais as considerações, os questionamentos, as investigações e outras ações das crianças articulam-se às propostas trazidas pelos(as) professores(as) que criam oportunidades para que elas se apropriem dos elementos significativos de sua cultura referentes a um ou mais campos de experiências e elaborem sentidos pessoais, dinâmicos e provisórios.

A partir da "escuta" das crianças, o(a) professor(a) pode interagir com elas e ajudá-las a perceber relações entre objetos e materiais, chamar-lhes a atenção para certos aspectos da situação, estimulá-las a fazer novas descobertas e construir novos conhecimentos a partir dos saberes que já possuem.

Nas interações cotidianas, os parceiros – o(a) professor(a) ou um(a) colega – emprestam à criança sua forma de selecionar e relacionar elementos, seu modo de explicar algo, recorrendo a uma forma de comunicação que inclui descrições ("isto se chama lanterna"), ou hipóteses ("se correr muito, o carrinho vai sair da pista"), entre outras formas, até que a própria criança crie um modo autônomo de apreender a tarefa comunicativa e responder a perguntas que ela mesma se propõe em seu esforço de significar o mundo.

O básico é o(a) professor(a) partir das ideias e das propostas das crianças e fazer-lhes perguntas instigantes, oferecer-lhes meios para que busquem mais informações e possam reformular suas ideias iniciais, respeitando sentimentos, raciocínios, relações, comparações e analogias que elas elaboram, e fazer-lhes questionamentos que as levem a pensar sobre eles e considerar a enorme quantidade de diferentes concepções das pessoas para explicar coisas e fenômenos.

5. Novas formas de planejar a organização curricular no cotidiano

Voltando ao tema da qualidade, a presença de uma BNCC a ser considerada pelas unidades educacionais como orientadora de seu trabalho em prol da equidade de oportunidades de desenvolvimento a todas as crianças brasileiras mais do que nunca requer a presença efetiva de condições necessárias ao trabalho pedagógico na Educação Infantil:

- a organização de "espaços" que ofereçam às crianças oportunidades de exploração e descobertas;
- o acesso a "materiais" diversificados geradores de enredos para as explorações, para as produções e para as brincadeiras infantis;
- a gestão do "tempo", proporcionando uma jornada que lhes propicie o tempo necessário para vivenciarem suas experiências.

Essas condições orientam a organização das atividades considerando os campos de experiências, as formas de planejar as práticas pedagógicas, valorizando as oportunidades de cuidados de si mesmo e do outro, as interações e brincadeiras e a efetiva e produtiva parceria com as famílias.

A curiosidade, o interesse e o prazer que as crianças, desde bebês, apresentam nas situações em que podem criar cenários e enredos de histórias, fazer descobertas, resolver problemas do cotidiano, realizar uma tarefa com colegas, oferece ao(à) professor(a) oportunidades para investigar as muitas questões que elas vão formulando sobre o mundo e sobre si mesmas. E, como professores e professoras, podem aprender mais sobre as crianças e de que modo elas desenvolvem seu conhecimento.

Tendo toda experiência proposta um sentido singular para cada criança no contexto educativo, o(a) professor(a) precisa criar mecanismos de registro dos seus percursos, individualmente e como grupo, que gerem pistas para a continuidade do trabalho pedagógico.

À medida que o(a) professor(a) considera as unidades de Educação Infantil como ambientes onde a curiosidade das crianças sobre o mundo físico e social pode alimentar a construção por elas de noções, comparações e implicações, ele/ela as ajuda a construir explicações, conforme percebe seus gestos, sentimentos, intuições, seus motivos e sentidos pessoais nas respostas apresentadas. Para isso, é importante que dediquem tempo suficiente para explorar e possam viver de forma repetida diferentes experiências e oportunidades.

6. Uma leitura do trabalho pedagógico com os campos de experiências

Para refletir sobre isso, vamos apresentar o registro de três situações, uma para cada faixa etária sugerida pela BNCC. Nos exemplos seguintes, a transdisciplinaridade dos campos de experiências assegura a interação de diferentes linguagens na apropriação do mundo pela criança. Esse processo é gradativo e muito dependente das oportunidades propiciadas nas unidades de Educação Infantil urbanas e do campo para todas as crianças.

Para os bebês

Os espaços da unidade estão organizados e permitem que os bebês os explorem rolando, sentando, rastejando, engatinhando, subindo ou descendo, pulando, puxando, erguendo o tronco e a cabeça, entrando e saindo de espaços como caixas, túneis. Eles exploram objetos de diferentes formas, cores, pesos, texturas, tamanhos, entre outros que a professora disponibilizou, conforme os pegam, amassam, empilham, montam, encaixam, movem, lançam longe, chutam. Por vezes, brincam com os colegas de procurar e achar objetos escondidos, de esconder-se e ser encontrado, de chutar bola.

Todos os bebês são gentilmente estimulados a observar o ambiente e perceber aromas, texturas, sonoridades, a observar-se diante do espelho, a brincar com água, com terra, areia, palha e outros elementos naturais, a dançar ao som de músicas de diferentes gêneros e a acompanhar a narrativa de uma história imitando expressões e gestos dos personagens. Eles acompanham com atenção uma apresentação de teatro de bonecos, movimentam o corpo ao som de uma música, exploram as qualidades sonoras de objetos e instrumentos musicais diversos, como sinos, flautas, apitos, coquinhos, brincam com as possibilidades expressivas da própria voz, exploram materiais gráficos na criação de garatujas e outras formas de expressão, e participam com as outras crianças de refeições gostosas e cheirosas, de descanso diário em ambiente aconchegante e silencioso, e de momentos de banho refrescante.

Como se pode perceber, os bebês podem ter um dia agradável de convivência, de brincadeira, de participação em diferentes atividades, de exploração do ambiente e seus objetos, de expressão pessoal e de autoconhecimento. Nele seus direitos de aprendizagem estão presentes alimentados pelos campos "O eu, o tu e o nós"; "Corpo, gestos e movimentos"; e "Traços, sons, cores e formas".

Para as crianças muito pequenas

Na turma de três anos, um grupo de crianças brinca de comprar e vender objetos discutindo sua forma, as propriedades deles para produzir, transmitir ou ampliar sons, ou de refletir, ampliar ou inverter imagens, seu valor econômico, pensando sobre números e identificando notas e moedas do sistema monetário vigente. Outras crianças desenham o quarto onde dormem, estimuladas a refletir sobre suas dimensões, cores, forma e utilização dos objetos existentes. Em relação a estes, elas podem observar, manipular e explicar o efeito e a transformação em sua forma, em sua velocidade, em seu peso e em seu volume.

No pátio, outras crianças pesquisam transformações de misturas, como a de água e areia, e outros elementos cotidianos, apontando para a professora e os colegas diferenças de forma, cor, gosto (no caso de alimentos) nas misturas obtidas. Sempre que possível, elas gostam de criar e dramatizar uma história a partir de livros que conhecem, escolhendo as indumentárias e montando um cenário adequado à narrativa.

Quantos campos de experiências estão sendo por elas trabalhados sem que ocorram de forma fragmentada! Podemos citar os campos "Espaço, tempo, misturas e transformações", "Traços, sons, cores e formas" e "Escuta, fala, pensamento e imaginação". O ritmo não apressado com que são apresentados, a possibilidade de retornar às mesmas atividades e consolidar algumas aprendizagens, dá às crianças motivos para interagir de modo lúdico com os colegas.

Para as crianças pequenas

A professora da turma de cinco anos costuma propor, diariamente, uma roda de conversa por reconhecer a estreita relação entre os atos de falar e escutar com a constituição da linguagem e do pensamento humanos, desde a infância. Ela prepara a sala de modo a acomodar as crianças com conforto, prevê um tempo flexível para a atividade (afinal, conversar pode levar mais ou menos tempo, a depender do interesse dos parceiros e dos temas abordados) e sabe que tem por perto, na sala, material que pode ser utilizado pelas crianças caso a conversa exija sua manipulação. A maioria delas já está acostumada com tal experiência, a aguardam com interesse, pois a professora nunca traz temas fechados, desinteressantes.

Nesse grupo etário, as crianças já se mostram falantes e com frequência percebem e corrigem alguns de seus "enganos" linguísticos ou dos colegas. Suas falas trazem com maior frequência marcas do modo de falar de sua cultura. Participam de espaços de conversa coletiva, apoiando-se não apenas na fala do(a) professor(a), mas também em sua memória e nos próprios recursos expressivos.

Na roda, temas variados emergem nas interações das crianças, provocados muitas vezes por eventos recentes. Falam de futebol se um jogo importante ocorreu na semana, comentam uma visita que fizeram no dia anterior, contam que nasceu um irmãozinho (ou irmãzinha), discutem o que querem ser no futuro. Não são objetos de "aulas" pela professora, mas são geradores de importantes aprendizagens: escutar atentamente o que os colegas falam, emitir opiniões pessoais sobre um assunto, explicar fatos e fenômenos sociais e/ou naturais, comunicar aos colegas as soluções que imaginaram para uma questão levantada, relatar episódios, formular perguntas e emitir respostas, descrever como foi feita uma produção individual ou coletiva de uma escultura, ou uma coreografia, entre outros, debater um assunto polêmico do cotidiano, por exemplo, como organizar o uso dos brinquedos na sala, recordar as regras para uma brincadeira, dizer se está contente ou triste com o tema abordado.

Esses resultados decorrem de muitas rodas de conversa efetivadas na turma ao longo do período. Se tivermos de apontar os campos de experiências que foram nela trabalhados, poderíamos ressaltar que um é o campo "Escuta, fala, pensamento e imaginação". Contudo, a conversa gira em torno de temas que são centrais em outros campos, como os que destacam o aprendizado de linguagens plásticas ("Traços, sons, cores e formas"), os que trabalham noções de "Espaço, tempo, misturas e transformações", os que priorizam o foco em "O eu, o outro, o nós", incentivando a criança a desenvolver um olhar mais crítico e criativo do mundo.

Espero que você, leitor(a), ao retomar os temas tratados neste livro, em especial, os que falam do desenvolvimento infantil, da brincadeira, das interações, e das possibilidades citadas no tema "A organização de atividades culturalmente significativas", que trata do trabalho com múltiplas linguagens, com o jogo e com projetos didáticos, considere que o que está prescrito na BNCCEI resulta de um processo histórico de discussões e de práticas com as crianças. De alguma forma, você deve ter feito parte dele. Se sim ou não, o tempo agora é de efetivar esse paradigma da área.

Para saber mais

OLIVEIRA, Zilma Moraes Ramos; MARANHÃO, Damaris; ABBUD, Ieda: ZURAWSKI, Maria Paula; FERREIRA, Marisa Vasconcelos; AUGUSTO, Silvana. *O trabalho do professor na Educação Infantil.* São Paulo: Biruta, 2012.

Sugestão de atividades

Observe um grupo de crianças de uma creche ou pré-escola e registre as experiências das quais elas participam em um diário. Não se esqueça de informar a faixa etária observada, o período do dia, a presença de objetos e se há um arranjo espacial diferenciado. Depois analise o conteúdo observado e informe que campos de experiências estão sendo abordados e/ou sugira alguma mudança que possa ampliá-los e que assegure os direitos de aprendizagem das crianças propostos pela BNCC.

Zilma de Moraes Ramos de Oliveira, livre-docente em Psicologia do Desenvolvimento pela Faculdade de Filosofia, Ciências e Letras de Ribeirão Preto da USP, é licenciada em Pedagogia pela USP, mestre em Psicologia da Educação pela PUC(SP), doutora em Psicologia pela USP. Ex-integrante do Conselho Municipal de Educação de São Paulo e do Conselho Estadual de Educação de São Paulo, tem trabalhado em pesquisa e em assessoria na área de Educação Infantil. Consultora do MEC na construção da versão inicial da Base Nacional Comum Curricular no que se refere à Educação Infantil.

CORTEZ EDITORA

www.cortezeditora.com.br